OHSAMA BUNKO

眠れないほどおもしろい 日本史「意外な話」

並木伸一郎

三笠書房

✸はじめに……

封印された過去、あの事件の真相、意外な事実……
おもしろすぎる日本史の「謎」に迫る本

日本人なら誰もが知っている、日本史の有名人物や重大事件にまつわるエピソード。しかし、学校で教えられる日本史では、そのごく簡単なあらましや年号を表面的に学ぶだけで、事件の真相、意外な結末、とんでもない異説を知ることはできない。

一方、〝時の権力者〟が作らせた多くの歴史書には、「日本の歴史を動かした重大事件」が克明に記されていたりする。

たとえば、神代《かみよ》から古代までの日本の成り立ちを示した『古事記』『日本書紀』、平安末期の動乱を記した『源平盛衰記』、鎌倉幕府の歴史書『吾妻鏡』、徳川幕府の正史『徳川実紀』などをひもとけば、歴史上で活躍した偉人たちのヒーロー譚が、熱血ドラマのごとく書かれている。また、いかに優れた文化・風俗が花開いていたかを語っているものもある。

しかし、そうした歴史書も、そのすべてが真実とは限らない。**歴史が動くとき、そ**

こにはさまざまな知略、陰謀が交錯する。時の権力者によって、自分たちの都合のよいように史実が書き換えられ、ねつ造されたこともあったはずだ。

そこで、同時期に書かれたさまざまな文献を渉猟《しょうりょう》していくことで、私たちは歴史の「真の姿」により迫ることができる。歴史の「裏」に渦巻く策略、欲望、失意、怨念、陰の支配者……をあぶり出せるのだ。

だからこそ、**歴史は知れば知るほど、探れば探るほどおもしろい**のである。

今、日本史の魅力に再び、脚光が当たっている。群雄割拠、動乱の時代の人物たちの生き様に、熱い注目が集まっているのである。

本書は、誰もが知っている日本史の大事件の裏に隠された意外な話、今なお解き明かされない謎、偉人たちの不思議なエピソードをたっぷりと紹介していくが、まさに「眠れなくなるほど」のおもしろさを保証する。

さあ、日本の歴史に、いざ出陣！

並木伸一郎

目次

1章 波瀾万丈！「戦国武将」たちの意外な素顔
――今なお噂される「封印された真実」

2章 歴史を動かした「あの事件・あの人物」の驚きの真相
――知れば知るほどミステリアス!

3章 陰謀が渦巻く！　血塗られた歴史秘話
——怨念・因縁が渦巻くゾッとする噂

4章 日本文化を創った「超・有名人物」の正体
——その〝まばゆい功績〟からは見えてこない「裏」の顔

5章「見えない力」が歴史を操っていた!?
――宗教、魔術、超能力……「大胆な異説」の数々！

6章 本当にあった!?　珍説&トンデモ歴史話
――〝日本最古の都市伝説〟から宇宙人襲来まで！

7章 歴史の「転換点」で暗躍した黒幕たち
――「この人物」がいなければ、歴史は変わっていた!?

編集協力　宇都宮ゆう子　川上純子
写真提供　ＰＰＳ通信社　アマナイメージズ　並木伸一郎事務所

1章

波瀾万丈！「戦国武将」たちの意外な素顔

——今なお噂される「封印された真実」

変幻自在！真田幸村はなぜ謀略の天才となったのか？

「真田幸村《さなだゆきむら》」と聞くと、猿飛佐助《さるとびさすけ》や霧隠才蔵《きりがくれさいぞう》をはじめとする忍びの軍団「真田十勇士」を思い浮かべる人も少なくないだろう。

古くは江戸時代中期の『真田三代記』に真田十勇士の原型となる架空の人物が登場しているが、広く知れわたったのは、明治時代、大阪の立川文明堂が出版した子供向けの出版物『立川文庫』に取り上げられてからのこと。大正初期には全国的な一大〝忍術ブーム〟を巻き起こしている。

今日でも、漫画や小説、ゲームなどの主要人物に登用され、特撮番組のモチーフにもなるなど、幅広い層から人気を博しているようだ。

しかし、彼らの人物設定や物語は完全なるフィクションだともいわれている。事実、猿飛佐助は上月《こうづき》佐助、霧隠才蔵は霧隠鹿《しか》右衛《え》門《もん》など、どの登場人物も真田家に仕えた一家臣をモデルにしたにすぎないという。

確かに、「真田十勇士」はかなり誇張が入っているかもしれないが、幸村に仕えた忍者らの活躍を否定するのは早計だ。山奥の小大名でありながら、歴史に名を刻んだ真田家の陰には、忍者の存在が確かにあったのだ。

真田忍者は厳しい修行を積んだ「山伏」だった⁉

幸村の背後で、忍者たちは間違いなく暗躍していた。そして、その多くは**超常的能力を秘めた山伏（修験者《しゅげんじゃ》）や、山伏化した地侍**だったのだ。

というのも、真田家が代々崇拝してきた白山大権現《だいごんげん》は、真田家発祥の地、真田郷（現・長野県上田市真田町）の北方にある霊山・四阿山《あずまやさん》にあった。標高二千三百五十四メートル、近くには奇《き》岩《がん》が連なる角間《かくま》渓谷があり、その中程には**岩屋観音堂**が安置されている。真田郷周辺は、山岳信仰に生きる山伏らにとって格好の修行の場だったのだ。

この一帯を治めていたのが真田家である。社殿を修復したり、土地を管理したりするうちに山伏らと懇意になったのであろうことは、想像に難くない。

さて、当時の山伏らの修行は非常に厳しいものだった。山岳から霊力を得るべく、霊山と呼ばれる山々の奥深くに籠《こ》もって苦行を行なうのはもちろん、超人的な能力を獲得するための修行は過酷なものだった。

暑さ寒さ、昼夜を問わず岩や倒木で覆われた険しい獣道を駆け抜け、崖や谷間を飛び越え、木々をつかみわたり、滝に打たれる。命を落とすことも珍しくない修練の中で身体能力を高め、強靭な肉体を作り上げ、五感だけでなく第六感までも高めていった。

また、山伏たちは山中で生き抜くために、天文学、気象学、薬学、占いや武器にも精通していた。神仏の霊力をこの世に呼び寄せ、周囲をかく乱させる幻術も用いたという。彼らは、いわゆる〝神通力＝超能力〟に長《た》けていたのである。

真田忍者の本拠と伝えられる岩屋観音堂

◎家康を恐れさせた真田忍者の“諜報活動”

さらに山伏たちは、「修行」というたてまえで、国境を越えて自由に山々を行き来することもできた。かつて奥州・平泉に逃れた源義経は、兄・頼朝の目を欺《あざむ》くため山伏に姿を変えたという。古くは壬申《じんしん》の乱で大海人《おおあまの》皇子《おうじ》が、南北朝の争乱で護良《もりよし》親王が山伏に扮して山岳に逃れ、再起をはかっている。

つまり、**山伏であれば素性を疑われることなく、スパイとして暗躍することができたのだ。**実際、徳川家康は逆スパイを恐れ、山伏を諜報部隊に用いようとしなかったし、天下を平定した後には、山伏たちを定住させ、宗教活動を制限するなどの政策をとり、その力を弱体化させることに成功している。

このように、四阿山で修行した山伏らが、真田家には欠かせない存在になっていたのは明白だ。しかし、甲賀忍者や伊賀忍者に比べ、真田忍者の記述は驚くほど少ない。極度に秘密主義を貫き、寡黙に任務を貫き通したこともあるのだろう。

幸村の大坂冬の陣での戦いぶりを賞し、島津忠恒《ただつね》は故郷への手紙に、

「彼はそこに現れここに隠れ、火を転じて戦った。前にいるかと思えば後ろにいる」

と記している。これは、幸村に影武者がいたからにほかならず、その影武者を真田忍者が務めたという説もある。

「真田十勇士」として知られる猿飛佐助や霧隠才蔵という名の忍者は実在しなかったかもしれない。しかし、名は違えども、あらゆる面で〝超人的な能力〟を持った〝忍びの勇士〟たちが真田家を支えていたのである。

越後の虎・上杉謙信〝女人説〟の真相に迫る！

〝越後《えちご》の虎〟の異名を持つ戦国武将上杉謙信が、実は「女性だった」という説がある。

あの織田信長をも脅かした上杉謙信が〝女人〟だったとは信じがたい話だが、それを物語るエピソードが、実はいくつも残されているのだ。

まず、謙信の死因がすでに、「女人説」を十二分に裏づけている。

遠征の準備中に四十九歳で急死した謙信の死因は、「大虫《おおむし》」。松平忠明《まつだいらただあき》による記録資料『当代記』をはじめ多くの書物に「越後景虎、大虫で卒す」と書かれている。

この**大虫とは、実は婦人病や更年期障害の隠語**なのである。

また、謙信はその生いたちにも、女性説を裏づける事実が隠されている。

謙信は、幼い頃から仏門で修行をし、真言密教の教えから〝女犯戒《にょぼんかい》〟という生涯異性との性行為を禁じる戒律を守ることを貫いた。当時の戦国武将は、正室のほかに何人も側室をおくことが常識だった。まして正室を持たない、ということはありえなかった。

〝珍説〟と切り捨てられない「これだけの史実」！

さらに〝謙信女性説〟を裏づけるエピソードを、いくつか列挙してみよう。

- 毎月十日前後になると腹痛を訴え、馬に乗れず合戦をとりやめている。この時期、女性特有の〝**月経**〟が来ていたのではないか、と推測できる。
- スペインの使者ゴンザレスが、国王フェリペ二世に宛てた手紙に、謙信のことを「**上杉景勝の叔母**」と記している。
- 謙信が着ていた衣類や甲冑は、真っ赤やパッチワーク状のカラフルなものだったりと、女性が好む色柄。しかもいくつも持っていたようで、相当なオシャレだった。

○女犯戒のはずなのに、武将や諸大名の妻や姉妹たちと仲がよかった。

○『源氏物語』や『伊勢物語』など、女性向けの恋愛物語を好み、歌会では女性的な恋愛観の歌を詠んでいた。また、女性のみに贈られるはずの源氏物語図屏風を持っていた。

○謙信の元の名は「長尾景虎」。**当時は女性の名にも「虎」の字をつけることがあった。**

「尼さん」のような謙信の肖像画

そして極めつきは、肖像画である。謙信の肖像画の中には、ヒゲが生えておらず、ふっくらした頬を持つ顔で描かれているものがある。これは最古の肖像画で、謙信存命時に描かれたものだ。

しかし、その後に描かれた肖像画にはヒゲがある。これは謙信の死後、想像で描かれたものである。

当時、武将はヒゲを生やすのが常識。ヒゲが薄い者は、付けヒゲまでしていたというのだから、肖像画をヒゲなしの顔で描かせるなんてありえないのだ。

戦国時代、「女性の家督相続」は認められていた!

では、謙信が女性だったとして、なぜ、史実では男性として書かれているのか?

それには理由がある。

戦国時代は、まだ御成敗式目《ごせいばいしきもく》の武士法が生きていたので、女性が家督を相続することもさほど珍しくなかった。たとえば、井伊直虎《いいなおとら》(井伊直盛の娘)の例があるように、女性当主も歴史的に存在する。謙信の場合は兄・晴景《はるかげ》がいたが、内乱で死去したことにより、謙信が家督を継いだのだ。

だが、やがて時代は変わる。江戸時代に入り、**徳川幕府によって女性当主は認められなくなった**のだ。しかも上杉家は関ヶ原の戦いで、西軍の石田三成側についたため、領地を没収され、百二十万石から三十万石にまで減封されてしまった。

そこで、かつて女性当主がいたことがバレないほうがいいと考えたのか、無理やり上杉家は謙信を男として記録したのである。そのため、後年の謙信の肖像画は、ヒゲのある男らしい姿で描かれたのだろう。

もちろん、謙信が〝女性ではない〟と証明する記録もある。

謙信は、男性しか足を踏み入れてはならない高野山や寺社、霊場をいくつも参拝している。毘沙門天《びしゃもんてん》を名乗り、自らを厳しい戒律で律していたにもかかわらず、女人禁制である場所をわざわざ訪れるだろうか、というのだ。

しかし、この記録を鵜呑みにはできない。前述したように、**子孫たちが上杉家存続のために、「謙信は女人禁制の高野山に登った」と、事実をねつ造した**のではないかとも考えられる。

上杉謙信「女人説」——。珍説、妄説と簡単に切り捨ててしまうには、意外にも、論拠がしっかりとしすぎてはいないだろうか。

独眼竜政宗は〝超常的能力〟の持ち主だった!?

奥州（現在の東北地方）の武将伊達政宗は、幼少期に天然痘を患い、右目を失っている。しかし、そのハンディをものともせず、十八歳の若さで伊達家十七代目の当主となり、その後は**「独眼竜」**とも呼ばれ、戦乱の時代にその名を轟かせた。

そんな政宗は幼少の頃から、気象を占ったり、人の寿命を透視して的中させたりと、常人とは異なる〝神通力〟を発揮し、側近たちを驚かせたという逸話がある。

政宗は、その出生からして、かなりミステリアスである。

政宗の母・義姫《よしひめ》は、すべてに秀でた男の子の誕生を願って、羽黒山の行者長海上人《ちょうかいしょうにん》に男子出産の祈願を依頼する。長海上人は、湯殿山で祈願をした。

するとある夜、**義姫の夢の中に老僧が現われて「腹の宿を借りたい」と申し出た。**

義姫が承諾すると、老僧が、神の依代《よりしろ》である〝梵天《ぼんてん》〟を授けた。

そして生まれたのが政宗だったのである。

政宗の幼少の名が、〝梵天丸〟だったというのも、こうした出自によるものなのだ。

◎母・義姫の夢に出てきた〝独眼の行者〟とは

それでは、政宗はなぜ、独眼になったのだろうか。

政宗は生まれたとき、ぎゅっと右手を握りしめたままだった。それが、生後七日がすぎた頃、手が開いた。するとそこに、墨で書いたような**「満海」**という文字が出現したのである。不審に思った父・輝宗《てるむね》は、城下領地内を調べさせたところ「満海」という修験道の行者がいたことがわかった。

そして、義姫が男子出産の祈願を依頼した長海上人の師こそ、この満海上人で、霊能力者との誉れ高い、**〝独眼の行者〟**だったのだ。そして、**義姫の夢に出てきた老僧こそ、この満海上人だった**のである。

生前、満海上人は、弥勒菩薩に深く帰依し、名取郡根岸（現・仙台市太白区香澄町）の黒沼のほとりに居を構えていた。その黒沼で身を清め、「大般若経」を模写し、それを丘陵地に埋めて供養したので、そこが「経ケ峯《きようがみね》」と呼ばれるようになっていた。

この黒沼に棲息する鮒《ふな》は、なんとすべて片目だったというのである。

人は、片目を失うと、感性が鋭敏になるという。独眼になったがゆえに、秘された能力が発揮されるからだという。古来より、片目の者は神格化されていて、常人にはない透視、予知、霊視、病気を治癒させるなど、超常的な能力を持つとされている。

政宗もまた、生まれ持った〝神通力〟をしばしば発揮していたのだろう。その噂を聞きつけて、「母の病を治してほしい」などと、遠路はるばる嘆願にくる人々までいたという。

◎〝政宗の遺言〟で判明した驚愕の事実！

満海上人と伊達政宗とを結びつける、不思議なエピソードがある。

それは寛永十二（一六三五）年四月十日のことだった。政宗は、ホトトギスの初鳴きを聞くべく、家臣を連れて領地内の山に分け入っていた。

するとこのとき、政宗は経ケ峯にきたところで、突然、立ち止まった。にわかに何かを感知したらしい。周囲には風が舞っていた。しばらく瞑想していた政宗は、杖で地面の一角を差し、「私が死んだら、ここに墓を作れ」と、家臣に遺言したのである。

それから一年後の五月二十四日、政宗は亡くなった。仙台藩二代藩主・忠宗《ただむね》は、遺言どおりこの経ケ峯に政宗の墓所となる「瑞鳳殿《ずいほうでん》」を建立した。

その建設中のことだった。政宗が杖で差したところの地面を掘っていたとき、地中から墓が出てきたのである。石室を開けてみて、みな驚きのあまり、その場に凍りついた。あろうことか、そこにはあの満海上人の姿があったのである。

死期が迫っていた政宗には〝見えた〟のだろう。そこに満海上人が眠っていたことが……。当時、その地の人々の間では、政宗は、この満海上人の〝生まれ変わり〟だと信じられていたという。

だとすれば、死して、二人は一体になったのである。

直江兼続――戦国一の変わり種〝愛の兜〟の謎を解く！

その高い識見と深い教養で、豊臣秀吉や、関ヶ原の戦いで敵方となった徳川家康からも高く評価された直江《なおえ》兼続《かねつぐ》。地元の山形県米沢では、兼続をモチーフにした「かねたん」なるゆるキャラまで登場し、その人気は健在だ。

その人気の理由の一つでもあるのが、なんといっても**「愛」の文字を乗せた兜**である。

他に類を見ない独特なその兜は、戦国武将の中でも随一といっていいほどの〝変わり種〟といえるのだ。

兼続の甲冑はいくつかあるが、有名なのは上杉神社が所有している「金小札浅葱糸《きんこざねあさぎいと》威二枚胴具足《おどしにまいどうぐそく》」というもの。胴に金箔押しが施され、浅葱色の糸を使った落ち着いた印象を持つ鎧である。目立ちたがり屋の武将たちとは一線を引いた、質素倹約を身をもって示した武将だけあって、少々地味な鎧だ。

だが、兜に掲げられた前立ては、かなり派手である。そして、そこにつけられた「愛」の一文字。

◆主君・上杉家の家訓「愛民精神」の〝愛〟？

なぜ兼続は「愛」を兜に掲げたのだろうか？

この「愛」は、われわれが意味するところの男女の愛を示すものではない。もちろん、主君の上杉景勝《かげかつ》との衆道の愛であるはずもない。

では、どういう意味の「愛」なのだろうか？

兜の「愛」の文字には、二つの意味があるといわれている。一つは、上杉家の家訓であり、兼続も大事に守り通した**「愛民の精神」の「愛」**である。

兼続は景勝の使いとして、景勝の養父である上杉謙信のもとへ何度も訪れていた。

利発で美形の兼続は、謙信にすぐに気に入られたという。

謙信は子供たちを集めて、さまざまな話を聞かせることが多々あった。謙信のお気に入りだった兼続も、身近にその話を聞いて育っている。謙信が子供たちに話したのは、乱世を生きていくための教訓や義の心であったそうだ。なかでも謙信が、口癖のように話していた言葉がこれである。

「仁義礼智信の五つを規として、慈愛をもって衆人を哀れむべきだ」

この言葉は、江戸時代の軍学書『北越軍談《ほくえつぐんだん》』にも記された言葉で、武家の大将としてのあり方を説いたものである。

これを実行するかのように、兼続は「人こそ組織の財産だ」とし、財政難のときも家臣たちを召し放ち（今でいうリストラ）することなく、自ら質素な暮らしをしてみなを養ったという。

〝煩悩と愛欲〟を肯定する「愛染明王」の〝愛〟？

もう一つの由来は、兼続が信仰した愛染明王《あいぜんみょうおう》と愛宕権現《あたご》の頭文字の「愛」である。

当時、信仰する神仏の文字を兜や旗に使うことは一般的であり、上杉謙信も毘沙門天の「毘」を掲げていることから、兼継も「愛」を兜にあしらったと思われる。

愛染明王は愛を表現した神であり、その姿は真紅で、日輪を背負って表現されることが多い。

人間の持つ煩悩や愛欲は断ち切ることはできないが、むしろそうした欲求こそを向上心に変換することで、仏の道を歩ませる、という功徳を持っている神である。

このように、**人間の心の清濁をあわせのむような神**であるところに、兼続は惹かれたのではないだろうか。苦労人でもあり、知性の人であった兼続そのものといった仏神だ。

「愛」の字が煌めく兼続の兜

つまり、兼続は謙信から受け継いだ心、そして愛染明王の人間への深い理解と功徳を、兜に掲げたというのである。

謙信から教えられた、義と愛の精神を守り通した兼続の功績は周知の通りである。景勝を陰日なたとなって支え、すべての民が豊かに暮らせるように知恵と努力を惜しまなかった兼続。

また、側室を持つことが当たり前だった時代に、正室のお船《せん》の方ただ一人を生涯愛したことも、この「愛」の精神の一つなのだろうか。

兼続は、さまざまな形で「愛」を体現し、兜に恥じない一生を送った武将なのである。

戦国時代を愉快に駆け抜けた"天下御免のかぶき者"!?

「かぶき者」――。

それは、戦国時代末期から江戸時代初期にかけて異様な風体で大道を横行した者たちである。奇抜な服装や髪形をし、街を跋扈《ばっこ》した連中のことだ。

当時の男の服装は、紺などの地味な着物が普通だったが、かぶき者は女物のように色柄が鮮やかな着物を羽織り、動物の皮を接《つ》ぎはいだ袴などを身につけ、通常より大きな刀や朱色の鞘を差すなど、派手派手しい格好を好んだ。

いわゆる自由人たちで、反社会的な行動を起こす乱暴者・無法者が多かったが、男気あふれる生き方が憧れの対象ともなっていた。この美意識が、やがて**歌舞伎の原型**となっていったのである。

なかでも、「天下御免のかぶき者」と豊臣秀吉からお墨つきをもらった男が**前田慶次郎**だ。

前田慶次郎は、小説や漫画で近年注目を集めた武将だ。とくに漫画『花の慶次―雲のかなたに』が人気となったことで一気にブレイク。武芸に秀で、豪放磊落《ごうほうらいらく》、身なりも行動も見事に〝かぶく〟キャラクターで、一躍人気となった。

叔父の前田利家に〝冷や風呂〟を食らわせて出奔！

だが、そのキャラクターとは裏腹に、実際は上杉景勝の家臣として仕えたが、禄高も低く、大きな武功を残したわけではない。

生いたちについても、織田信長の重臣だった滝川一益《たきがわかずます》の一族の者としかわかっておらず、彼の誕生から青年期までに関してはほとんど記録がない。おそらく滝川家を頼って伊勢へ行っていたか、諸国を流浪しながら雇われ傭兵として生活していたのではないかと推測される。

その後、前田利久の養子となり、天正九（一五八一）年に叔父である前田利家に仕えるようになった頃から、歴史上に名前が現われるようになる。

利家に仕えるも、自由人な慶次郎は、ある事件を起こしてしまう。その事件とは、**「利家水風呂責め事件」**である。

口やかましい利家がきゅうくつで仕方がなかった慶次郎は、ある寒い日に利家を茶の湯に招く。珍しく甥に呼ばれ、「いよいよ奴も改心したのか」と喜んだ利家が慶次郎を訪ねると、「今日は寒くて冷えましたでしょう。茶の湯の前に、風呂に入って温まってはいかがでござるか？」と風呂を勧められた。

慶次郎は自ら湯船に手を入れ、**「ちょうどよい湯加減でござる」**と言って、その場を去った。

体が冷えていた利家は、すっかり機嫌をよくして、勧められるがままに風呂に入った。するとその風呂は、氷のような水風呂だったのである。

知らずに入った利家は激怒。「慶次郎をすぐに連れて参れ！」と怒鳴った。しかし時すでに遅し。**慶次郎は利家の愛馬・松風に乗って、そのまま出奔**してしまったのだ。

◎主君との初お目見えに〝泥つき大根〟を持参！

京へ出た慶次郎は、かぶき三昧の日々を過ごし、たちまち有名人となる。噂を聞きつけた秀吉から、**「今後いついかなるときでも、心のままにかぶいてよい」**という、「かぶき御免」のお墨つきを与えられたのもこの頃だ。

その話は諸国の武将たちにも広がり、多くの武将から仕官の誘いがあったが、どんなに好条件でも慶次郎はＯＫを出さなかったのである。

慶次郎は、すでに仕える人を決めていた。上杉景勝だ。

直江兼続と知り合ったことで景勝を知るところとなり、景勝の強い信念と気骨のある性格に、「この人以外に、自分は誰の家臣になるというのだ？」と、心に決めていたのだった。

そして念願の景勝への出仕がかない、初お目見えとなった日。慶次郎はあろうことか、泥のついた大根を三本持参し、それをうやうやしく台の上に据え、景勝の前にまかり出たという。

周囲が啞然として目を見張る中、慶次郎は**「この大根のようにむさくるしいが、嚙めば嚙むほど滋味のある拙者でござる」**とニコリともせずいってのけた。

このように豪快な慶次郎を迎えた上杉家は、最強の軍団を誇ることとなった。

晩年の慶次郎は、米沢近郊で隠棲した。

実は慶次郎には妻子があった。前田家を出奔した際、慶次郎は妻子を随行しなかったため別れて生活することになったのである。このとき正式に離縁したかどうかは定かではないが、一男三女がいた。娘の一人は北条家に嫁入りし、慶次郎の血筋をつないでいる。

豪快なかぶき者という派手なベールをまとっているが、プライベートな部分はほとんど謎めいている慶次郎。これほど戦国時代を愉快に駆け抜けた人物だけに、まだまだ発掘されていない記録があるのではないだろうか。

誰が、何のために？ 消えた「信長の首」の秘密

織田信長にまつわるミステリーがある。それが遺骸の消失だ。信長は、天正十（一五八二）年六月二日、京都本能寺で明智光秀に焼き討ちされたが、その焼け跡から肝心の遺骸が見つからなかったのである。

「もしかして、生きているのではないか？」

明智光秀は恐怖し、配下に命じて懸命に捜索を行なった。だが、遺骸がまったく見つからなかったのである。骨のかけら一つ残さず跡形もなく消えていたのだ。

「信長は、まちがいなく死んだはずだ」

そう確信しながらも、光秀は眠れぬ日々を過ごしたという。側近の話では、光秀は夜な夜な悪夢にうなされていたらしい。枕元に、焼けただれた醜悪な姿の信長が、幾

度となく現われては消えたという。

信長の遺骸が焼け跡になかったことを裏づける記録がある。

一五八二年に宣教師ルイス・フロイスは、イエズス会総長に送った『日本年報』に、「……**毛髪も残らず塵と灰に帰した……**」と記している。また彼の著書『日本史』の中にも、「……死因は不明だが、毛髪も骨もなにもかも信長のものは、いっさい残っていなかった……」と記されている。これらの記述からも、焼け跡から信長の遺骸が発見されなかったのは事実だと思われる。

では、信長の遺骸は、いったいどこに消えたのか？

◎なぜ静岡県に〝信長の首塚〟がある？

遺骸がないとすれば、どさくさにまぎれて何者かが持ち出し、いずこかへ運び去ったとしか考えられない。はたして、そんなことが可能だったのだろうか？

実は、この信長に縁のあるという駿河国《するが》（現・静岡県）西山本門寺《にしやまほんもんじ》に、なんと〝**信**

長の首塚〟なるものがある。信長の首が、ひそかに持ち出されて、この地に運ばれたというのだ。

なぜ、西山本門寺なのか？　そこにはいったい、いかなるいきさつがからんでいるというのか。

西山本門寺は、康永二（一四三四）年に開かれた、静岡県富士宮市西山にある日蓮宗の寺である。この西本門寺の境内に、天然記念物の「大柊《ひいらぎ》」がある。件《くだん》の〝信長の首塚〟は、このかたわらに鎮座しているが、ここに信長の首が埋葬されているのだろうか。

いや、そもそもなぜ、ここに首塚が存在しているのだろうか。実は、れっきとした由来がある。現地の案内板には、こう書かれている。

「この大柊は天正十年六月二日、京都本能寺の変にて討死した織田信長の首を、囲碁の名人と言われた本因坊《ほんいんぼう》日海の指示により原志摩守宗安《はらしまのかみむねやす》が信長と共に自刃した父胤重《たねしげ》と兄孫八郎清安の首と共に炎上する本能寺より持ち出し、信長の首を、ここ駿河の当

信長の首は、この地で静かな眠りについているのか

山に納め首塚を築き柊を植えたものです。
（中略）
　当山中興の祖、十八代日順上人は原家の御出身であられ御自筆の内過去帳に本因坊日海、織田信長の法号を記し手厚く御回向《えこう》されておりました」

　この記述によれば、討ち死にをまぬかれた宗安が、本因坊算砂《さんさ》（本因坊日海の名でも知られている）の指示で、**炎上する本能寺から父と兄と信長の首を持って駿河まで逃げ、西山本門寺に埋めた**のだ。そして首塚の脇に柊を植えたのである。

　碁の名手である算砂は、実は、信長の碁の師匠であると同時に日蓮宗の名僧の一人だった。

本能寺の変の前夜、算砂は、囲碁の名人・鹿塩利賢《かじおとしさと》と本能寺で対局していた。決着がつかず終わったというが、信長もこの対局を観戦していたという。

推測するに、算砂はその後、信長と対局したか何かで帰宅しそびれて、そのまま寺に泊まり、翌日の光秀の奇襲に巻き込まれたのだ。とにかく、算砂が現場に居合わせたからこその、急場での機転をきかせた指示だったのだろう。

そして、西山本門寺の十八代日順上人が、原志摩守宗安の子供だった関係上、信長らの首が、本能寺から同寺に持ち込まれたというストーリーが成り立つと同時に、焼け跡から信長の遺骸が消えたミステリーも解明されるのである。

〝信長の怨念〟を鎮めるため？「能」の字の秘密

二〇〇七年、旧本能寺跡が発掘調査された際、大量の焼けた瓦や壊れた土塀が見つかっている。その瓦に記された〝能〟の文字は、右側の上下のヒの部分に〝去〟の文

本能寺の瓦。この瓦が、信長の怨念を封じ込めてきたのだろうか

字が使われている。これは「ヒ（火）を避ける」意味で使われているのだという。

というのも、「本能寺の変」以降、寺がしばしば火災に見舞われたからだという。

これを知ったとたん、筆者はこの火災は、信長の死してもなお消えぬ〝怨念〟が起こした超常的現象だったのでは、と勘繰ってしまった。

本能寺の変の後、寺は豊臣秀吉の命で、京都市中京区に移転しているが、やはり瓦には、同様の文字が記されている。

〝墨俣一夜城〟は、秀吉による秀吉のための演出だった!?

その日、織田信長は家臣である木下藤吉郎（のちの豊臣秀吉）を呼びよせ、こう命を下した。

「交通の要である墨俣《すのまた》（現・岐阜県大垣市）を制するものは美濃を制し、美濃を制するものは天下を制す。**美濃攻略のために、墨俣に築城せよ**」

信長は、父・信秀《のぶひで》時代から、美濃攻めに苦しんでいた。美濃を落とすためには、難攻不落の稲葉山城（現・岐阜県岐阜市）に近づく足場が必要となる。それには墨俣に城が必要だったのだ。

墨俣築城は、まず重臣の佐久間《さくま》信盛《のぶもり》が築城工事に着手したが、斎藤方の攻撃を受けて断念。続いて柴田勝家が着工したが、これも失敗に終わっていた。

◎〝プレハブ工法の元祖〟といえる築城テクニック

その頃、家臣の中ではまだまだ小者だったが、知恵の回るおもしろい男がいた。信長はその男が気に入りで、その風貌から**「猿」「禿《は》げ鼠《ねずみ》」**などと呼んでいた。

藤吉郎のことである。藤吉郎は、これは出世へのチャンスだと気づき、二つ返事で引き受けた。だが、すでに大名たちが何度も築城に失敗している。

「どうすればいいのだろうか……」

このあたりの川に詳しい蜂須賀小六《はちすかころく》という野武士と共に、藤吉郎は作戦を練った。あっという間に作り上げなければ、また攻め込まれてしまう。

そこで、一晩で築城してしまおうという、なんとも大胆な作戦を考えていた。

当日集まったのは**二千人以上の兵士と大量の木材**。すぐに組み立てられるように、あらかじめ切り込みなどの加工をすませた材料を、長良川の上流から、いかだに載せて流し、どんどん現場で組んでいく。

これは、今でいうプレハブ工法の元祖といえるテクニックである。

翌日、敵方が築城の噂を聞きつけてやってくると、すでに砦ができあがっていたのである。これをきっかけに信長は美濃を攻略し、手柄を立てた藤吉郎は褒美とさらなる出世を手にしたのだった。

これが世にいう、秀吉の「墨俣一夜城物語」である。

◎墨俣城がなくても信長の〝美濃攻め〟は成功していた!?

一夜で城の砦部分を作り上げるという、ありえない話だが、これによって信長が美濃を攻略し、秀吉が信長の絶大なる信頼を得るきっかけとなったことから、秀吉のターニングポイントとなった出来事として有名な話である。

だが、あまりにも突拍子もない話であるために、現在ではフィクションだったとされているのだ。

墨俣城跡地。「一夜城址」と刻まれた石碑がある

フィクションであるとされる理由は二つある。

一つは、**墨俣城がなくとも信長の美濃攻めは成功していた**、というもの。

信長の美濃攻めはほとんどが戦を行なわない交渉、早い話が近隣の武将たちをつぎつぎに寝返らせることによって成し遂げたものだったのだ。

例外的に激しい戦となったところもあるが、小口城、黒田城、犬山城などを裏切らせる形で攻略したのである。次々と味方を奪い取られた美濃の斎藤勢は、仕方なく降伏したのだ。無理やり墨俣に拠点を作る必要はなかったのである。

もう一つは、このエピソードが書かれた記録が小瀬甫庵《おせほあん》による『信長記《しんちょうき》』など、創作系の書物にしかない、というものだ。

信長の直臣であった太田牛一《おおたぎゅういち》が書いた『信長公記《しんちょうこうき》』を元に、江戸時代の小説家・小瀬甫庵が書いた『信長記』や『太閤記』、さらにこれらを元に書かれた『絵本太閤記』などが改変に改変を重ねるうちにできあがった創作だというのである。

噂に〝尾ひれ〟がついて「一夜」といわれるようになった？

やはり、一夜で城を築いたというのは、秀吉の武勇伝のために、大げさにでっち上げられたものだったのだろうか。

ところが、これが「事実だった」と語る古文書も発見されている。

それは一九五九年になって発見された、『前野家古文書』だ。この書物は、江戸時代初期にまとめられた、尾張の土豪・前野家の歴史を記したものである。一族の一人、前野長康《まえのながやす》が信長や秀吉に仕えた大名であったことから、記録されていたようだ。

墨俣城築城については、いつどのように行なわれたのか、誰が何人関わっていたのかといったことから、褒美の数までが事細かに記されている。

それによると、実際には築城にかかったのは一晩ではないようだ。**敵の攻撃を防ぎながら、永禄九（一五五六）年九月十二日から九月十五日までの四日間をかけて砦を作った**と記されている。

それでも十分、当時としては神業《かみわざ》ともいえるほどのスピードだったために、尾ひれがついて「一晩」と語られるようになった、ということではないだろうか。

墨俣一夜城は、実際には「墨俣四日城」ではあったが、当時の建築法を飛躍させるプレハブ工法の先駆けで作られた貴重なものだった。事実は小説より奇なりとは、まさにこのことを指すような気がしてならない。

2章
歴史を動かした「あの事件・あの人物」の驚きの真相

——知れば知るほどミステリアス！

平清盛は〝白河法皇の御落胤〟だった⁉

平安時代後期、「平氏にあらずんば人にあらず」といわれる時代を築いた平清盛《たいらのきよもり》。その激しい気性と大きな野望で、平氏を一躍政治のトップへと押し上げた人物である。だが、その強引さと冷血さから、多くの恨みを買っていたというアンチヒーローでもあるのだ。

そんな清盛には、昔から囁《ささや》かれている重大な噂がある。実は清盛は、伊勢平氏の棟梁だった平忠盛《たいらのただもり》の子ではない、という説だ。

では父親は誰なのか。それは、「治天《ちてん》の君《きみ》」として巨大な王朝権力を握った、かの白河法皇《しらかわほうおう》だという噂なのだ。

もともと平氏は、天皇の子孫のうち、皇位継承権のない者が、「平」の姓を受けて臣籍に下ることによって成立した氏族である。たしかに、清盛は桓武《かんむ》天皇の子孫ではあるが、なぜこんな噂が立ったのか……。

実は『平家物語』に、**「清盛は忠盛が子にはあらず、まことには白河院の皇子なり」**と、はっきり書かれているのだ。

◎「女子であれば朕の子に、男子であれば忠盛の子に」

平忠盛の嫡子として、清盛は伊勢・産品《うぶしな》（現・三重県津市）で生まれた。生母は祇《ぎ》園女御《おんにょうご》と呼ばれる女性とされているが、祇園女御は、実はもともとは白河法皇の妾《めかけ》（正式ではない妻）であった。そして、**白河法皇が忠盛に祇園女御を与えた**、といわれているのだ。

当時はお家のためなら、女房の召し上げや献上も珍しくない時代。むしろそうした結びつきのない主従関係は、かえってもろいものだと思われていて、自分の妾を家臣に譲るなど、日常茶飯事だったのだ。現代の感覚では到底考えられないが、忠盛としては「これで、天皇家との結びつきが強くなった＝お家隆盛！」と歓ぶ心持ちさえあったのではないだろうか。

そして、その事のいきさつがおもしろい。

ある雨の日のこと、白河法皇は鬼に遭遇したという。武士として法皇の警護に当たっていた忠盛は、その鬼から白河法皇を救ったのだ。そして、忠盛が鬼（実は老法師だったらしい）をむざむざ殺さなかったことに、白河法皇は感心したという。

そこで、褒美として自分が寵愛していた祇園女御を忠盛の妻として与えたと、『平家物語』には記されている。

だが、そのときすでに祇園女御は懐妊していたというのだ。白河法皇はそれを知っていて、「生まれる子が女子であれば朕《ちん》の子に、**男子であれば忠盛の子にせよ**」と話したという。つまり、清盛は白河法皇の御落胤《ごらくいん》ということだ。

◎武家出身ながら〝異例の大出世〟を遂げた理由

ともかく、清盛は忠盛の子として生まれ、幼少時は祇園女御と共に育ったといわれ

はたして清盛は、自分の出自を知っていたのだろうか……

ている。

実は清盛の母は祇園女御ではなく、その妹だったとか、明治に入ってこの説は間違いだという文書も見つかったのだが、これまた断定できるものではなかった。

ただ一ついえることは、清盛は武家出身でありながら、**天皇家、とくに白河法皇から特別に目をかけられていた**ということである。たった十二歳で従五位下《じゅごいのげ》左兵衛佐《さひょうえのすけ》に叙任されたり、武士にもかかわらず異例中の異例として太政大臣《だいじょうだいじん》に任命されたりと、驚くべき出世を遂げたのである。

これは、清盛が朝廷に相当なコネがあったとしか考えられない。母である祇園女御の口利きだったのか、父である白河法皇の力だったのか……。

◈こうして「平家にあらずんば人にあらず」の権勢を確立!

忠盛の死後、清盛は伊勢平氏の棟梁となった。皇位継承問題等をめぐり、朝廷が後白河天皇方と崇徳上皇《すとくじょうこう》方の二つに分裂し、武力衝突となった「保元の乱」(一一五六年)では、清盛は乳兄弟だった崇徳上皇側につくと思われていたが、なんと後白河天皇側に参戦。

この戦に見事勝利したことにより、清盛は朝廷からの信頼を得る。

その後「平治の乱」(一一五九~一一六〇年)で源義朝《みなもとのよしとも》を破り、平氏の栄華が幕を開ける。清盛は武士としてははじめて公卿に列せられ、娘の徳子《とくこ》を高倉天皇の妃として入内させるなど、自らの勢力を拡大していき、仁安《にんあん》二(一一六七)年には、ついに太政大臣にまでのぼりつめる。平氏はこの清盛の大出世により、栄華を極めたのだ。

治承《じしょう》三(一一七九)年には軍勢を率いて入京するや後白河法皇を幽閉し、クーデターを敢行。軍事独裁政権を樹立した。徳子の子、安徳《あんとく》天皇を擁することで天皇の外祖父の地位を確立するまでに至ったのだ。

しかし、時はまだ平安。急激な平氏の隆盛に貴族や寺社、そして多くの武士からも反発が起こり、源氏による平氏打倒の意気が高まっていく。そのさなかに、清盛は熱病に冒され、この世を去ってしまう。

清盛の持つ野望とありあまる才能は、武家社会前夜だった平安末期には、少し早すぎたのかもしれない。

江が〝家光廃嫡〟を目論んだ理由

戦国時代、波乱と苦難の人生を送った女性、江《ごう》。

江は徳川二代将軍秀忠の正室であり、三代将軍家光を産んだ女性だ。将軍の正室という女性でもっとも高い地位についた、一見すると誰よりも幸運な女性である。

だが、この結婚は、江にとって三度目の結婚だった。

「戦国一数奇な運命」を歩んだともいえる江の人生は、いったいどのようなものだったのだろうか。


江の母は、織田信長の妹であり戦国一の美女と謳われたお市《いち》の方。江は信長の姪として天正元（一五七三）年に生まれるが、生まれてすぐに信長と父・浅井《あざい》長政《ながまさ》が対立。本拠地である小谷《おだに》城が攻め落とされ、父と祖父・久政《ひさまさ》は自害してしまう。

城と父を失い、母と姉たちと共に、伯父である信長に保護される。しかし、江が十歳のときに本能寺の変が起こり、信長は死去。またしても保護者を失ってしまうのだ。信長の死後、母が信長の家臣・柴田勝家《しばたかついえ》と再婚したため、姉たちと一緒に越前国の北《きた》ノ庄《しょう》城へ移ることになる。

だが翌年、豊臣秀吉により北ノ庄城は落城し、母と義父・勝家は自害。二度の落城、そして両親や保護者の相次ぐ死を、江はわずか十歳にして経験したのだった。

◎「三度目の結婚」で秀忠の〝姉さん女房〟に！

その後、三姉妹は、秀吉の保護を受けることになる。長女の茶々は、秀吉が憧れていた三姉妹の母・お市の方にもっともよく似ていたため、秀吉の側室となる。

次女の初《はつ》は、従兄弟であった大津城主・京極高次《きょうごくたかつぐ》のもとへ嫁いだ。

江は秀吉の命により、たった十一歳のときに母の妹・お犬の方の子、大野城主・佐《さ》治《じ》一成《かずなり》のもとへ嫁がされる。しかし嫁いですぐに、一成が小牧《こまき》・長久手《ながくて》の戦いで徳川家康に味方したことに秀吉が激怒、江は離縁させられてしまうのだ。一度目の結婚は、幼き日のほんの数カ月の出来事となった。

そして江は再び秀吉の命により、秀吉の甥である秀勝《ひでかつ》のもとへ嫁ぐことになる。

しばらくは平穏な日々が続いたが、娘・完子《さだこ》が生まれてすぐに、秀勝は文禄元（一五九二）年の文禄の役で、朝鮮で病没する。そして江二十三歳のとき、徳川家康の嫡男・秀忠と再々婚することになったのだ。

秀勝との子・完子は茶々が引き取ることになり、江は秀忠の間に二男五女をもうける。

◎江VS.春日局——お世継ぎバトルを制した「切り札」は？

彼女の一生を振り返ると、幼い頃から政治や後継ぎ争いに巻き込まれた、悲劇の女性であることがわかる。だが、実は**戦国一の悪女だった**という噂もあるのだ。

江には二人の息子がいる。**家光（竹千代）と忠長（国松）**だ。

当時、身分の高い家に生まれた赤子はその母ではなく乳母が育てるのが常識で、家光も忠長も江ではなく乳母が育てている。ご存じのように、家光の乳母といえば、のちに大奥で絶大な権勢をふるった、あの春日局《かすがのつぼね》である。

江は、長男の家光よりも次男の忠長を溺愛していたという。活発な気性で、容姿も端麗だった**忠長に、江は幼い頃、父代わりとなってくれた織田信長の面影を見ていた**ようだ。

対して家光は病弱で容姿も悪く、吃音があったことからか、江には疎ましく思えたのかもしれない。なにより家光は、自分よりも乳母である春日局にべったりとなついていたのである。

信長に似ている忠長を世継ぎにと考えた江は、**家光の廃嫡**を企てる。

これに心を痛めた家光は、「自分さえいなければ」と自害しようとしたが、春日局がそれを止めた。春日局はこの実情を家康に訴え、憂慮した祖父・家康は「長幼の序」を重んじ家光を世継ぎに決定したといわれている。

このエピソードから、江は悪女としてのイメージが強い。性格も身分の高いお姫様育ちに加えてヒステリック、男性に対しては嫉妬深い女性だったと小説などで書かれることも多いため、なおさら悪女イメージが強まってしまったのだ。

◎史料は語る——“家光の実母”は江ではなかった！

だが近年では、春日局が家光を可愛がることで自分の権力を拡大させようとしていたため、逆に次男の忠長を江が可愛がることで、バランスを保とうとしていたのではないかとも考えられている。

それというのも、**家光の実母は春日局**だった、という説があるのだ。

春日局は三代将軍家光の乳母を務め、大奥の基盤を作った女性である。

もともとは明智光秀の従弟だった斎藤利三《としみつ》の娘で、本能寺の変のあとは母方の公家の親戚に養育された。そこで書道や歌道、香道の教養を身につけたという。

やがて、関ヶ原の戦いでの徳川家勝利の功労者であった稲葉正成《いなばまさなり》に嫁ぎ三人の子をもうけるが、将軍家で乳母を募集していると聞くと夫と離縁し、家光の乳母となったのである。

元夫の戦功と教養が評価され、家光（竹千代）の乳母に任命された春日局。ここまでは幕府の記録として書かれている正史である。

だが『稲葉系図御家系典』や『松のさかへ』という史料には、**春日局は秀忠の子を宿しており、生まれたのが家光である**と書かれているのだ。

これが事実なのかどうか、真実を知る術はない。だが秀忠夫妻、とくに江の行動を見る限り、一概にデマとは言えないのではないかと思える。

江が竹千代ではなく国松（忠長）を偏愛した理由のもう一つには、竹千代が春日局になつきすぎていたためだという。江にとって春日局は、信長を討った明智光秀の重臣の娘、つまり敵方の血縁である。その敵方の女を慕う竹千代に、苦々しい思いを抱いてしまったのではないだろうか。

江は五十四歳で死去した後、芝の増上寺に埋葬された。戦後になって徳川家の墓所発掘調査の際に、江の遺骨も調査された。それによると江は、かなり小柄で華奢な美女だったという。

天璋院篤姫VS.皇女和宮――〝嫁姑バトル〟の真相

城の奥深く、女性だけが暮らす大奥は華やかではあるが、厳しい階級制度が敷かれていた場所。そんな女の園・大奥には、「いじめ」があふれていた。

十三代将軍家定《いえさだ》の正室であった天璋院篤姫《てんしょういんあつひめ》と、皇女・和宮《かずのみや》との間でもいじめは行なわれていた。

家定と篤姫の結婚生活はわずか一年九カ月と短いものだったが、落飾し家定逝去後も大奥に留まっていた。

十四代将軍家茂《いえもち》の正室である皇女の和宮とは嫁姑関係になるのだが、和宮を大奥に迎えた際、天璋院は自分だけ敷物の上に座し、**天皇の妹である和宮を、敷物さえない下座から挨拶をさせた**のだという。武家のならいでは、嫁は姑に尽くすものであるとはいえ、嫁いびり丸出しの初対面だったのである。

当時和宮は十五、六歳だったとはいえ、天皇家で蝶よ花よと育てられ、これまで人に頭を下げたことなどなかったであろう。どれほどの屈辱を強いられたか、計りしれない。

◎大奥一の実力者・瀧山の〝暗殺未遂事件〟が勃発！

身分の高い者たちがこうだということは、身分の低い奥女中たちの間では、もっとえげつないものだった。中でも新人へのいじめは、古今東西これ常識ということか。

たとえば大奥では毎年大晦日になると、その年に奉公に上がった者たちを集めて**「新参舞《しんざんまい》」**をさせたという。スリコギや籠やらを持たされ、腰巻一枚にひん剝かれて、囲炉裏の周りを踊りながら回らされる、いわゆる裸踊りだ。先輩たちは、それを見て囃し立て笑いあったのだとか。

大事件に発展したいじめといえば、**御年寄《おとしより》・瀧山《たきやま》の暗殺未遂事件**が有名だ。大奥一の権力者であった瀧山は、十四代将軍・**家茂の生母であった実成院《じつじょういん》**と対立していた。

実成院は浪費癖がひどく大酒飲みで、毎晩のように奥女中と飲んでは騒いでいたという。

見かねた瀧山は「大奥の風紀が乱れるから、お酒と浪費を控えるように」と厳重注意したのである。

将軍の生母である実成院だったが、実際には家茂の養母である天璋院の力が強く、大奥では微妙な立場におかれていた。そんな中での瀧山の注意は、「よそ者いじめ」ととらえられていたのだ。

そしてとうとう、度を超えたいじめが始まった。

あるとき**瀧山は御年寄が集まる食事会のあと、突然意識不明**となった。どうやら実成院の差し金で、食事に毒が入れられていたのである。しかも瀧山を亡き者にしようと、呪詛《じゅそ》まで行なっていたというのだ。

だが、あっという間に瀧山は回復し、何事もなかったかのように職務に戻ったという。しかし、これで終わらないのが女の執念深さである。

今度はなんと、瀧山の部屋が放火されたのだ。大奥では火の始末には細心の注意を払っており、天婦羅を揚げることすら許されていなかった。しかも、夜になると井戸には蓋をされてしまい、水を使うこともできなかった。

発見が早かったため、火事は小火《ぼや》で済んだが、やはり犯人は実成院つきの奥女中だった。しかし**それに気づいた瀧山は、相手が将軍生母ゆえに、事を荒立てなかったという。**

徳川幕府を支えた大奥の裏には、女たちの過酷な愛憎劇があったのだ。本当に女性はオソロシイ!!

女王・卑弥呼の名が『古事記』『日本書紀』に登場しない理由

日本古代史最大の謎といえば、邪馬台国《やまたいこく》とその女王・卑弥呼《ひみこ》の存在であることは、誰もが納得するところだろう。

なにせ、邪馬台国と卑弥呼に関する情報は、中国の史書『三国志』と『後漢書』、『梁書《りようじよ》』などに、わずかに記述があるだけで、日本の創世記が書かれた**『古事記』や『日本書紀』には、何一つ情報が書かれていない**のである。

邪馬台国に関するほとんどの情報は、『三国志』の中に書かれた「魏志倭人伝《ぎしわじんでん》」に由来している。そこに書かれている内容は、邪馬台国の場所、倭国（のちの日本）の社会や風俗、魏国との外交関係などについてである。

邪馬台国はいったいどのような国だったのだろうか？

◎畿内説VS.九州説――大論争に決着はつくか？

「魏志倭人伝」によると、邪馬台国は魏の帯方郡《たいほうぐん》から対馬《つしま》や壱岐《いき》を渡り、一万二千里（四万七千キロ）ほどの場所にあったという。だが、この**「魏志」に書かれている通りに進んでいくと、なんと沖縄の先、太平洋の海の上に到着してしまう**のだ。

そのため邪馬台国の正確な場所は、現在でもわかっていない。この「邪馬台国はどこにあるのか？」という謎は江戸時代から続いており、古代史ファンならずとも、その熱き論争を知っているのではないだろうか。

邪馬台国の所在についての論争は、**江戸時代の学者新井白石が畿内説、本居宣長《もとおりのりなが》が九州説を唱えた**ことから始まった。

まず畿内説の裏づけだが、これは邪馬台国が後に栄えた大和朝廷とつながっているという考えをもとに、畿内から大型の古墳が多数発見されていることや、畿内で多く出土する**「三角縁神獣鏡《さんかくぶちしんじゅうきょう》」**が、卑弥呼が魏国から下賜された鏡と同一のものであると考えられているからだ。

一方、九州説は**「漢委奴国王《かんのわのなのこくおう》」**の金印が福岡で発見されていることや、九州北部が弥生時代に大きく繁栄していたこと、佐賀の吉野《よしの》ヶ里《がり》遺跡があることなどが根拠となっている。

しかしどちらの説も、残念ながら決め手にかける。そもそも「邪馬台国」が「ヤマタイコク」と読むのが正しいかどうかすらわかっていないほど、当時を語る史料は乏しいのである。

卑弥呼、壱与——邪馬台国で「女王統治」が続いたわけ

さて、その卑弥呼である。卑弥呼は「魏志倭人伝」によると「女王ノ都トスル所」である邪馬台国を統治するシャーマンであったという。すでに高齢であったが独身で、女王となってからは宮に籠もり、彼女の姿を見たものはほとんどいないと書かれている。弟がいたようで、彼が卑弥呼を手伝っていたようだ。

史書によって年代がバラバラなので何ともいえないが、二三九年に卑弥呼ははじめ

て魏に大使を派遣している。つまり、この年よりも前から、すでに卑弥呼は女王として君臨していたということになる。『梁書』では一七八～一八四年の間に、卑弥呼が倭を治め始めたと書かれている。

卑弥呼は十年足らずの間に、魏と数度交流していた。倭からは米や布、奴隷などを送り、魏からは金印や銅鏡百枚などの膨大な品を賜わっていることから、倭と魏はそれなりに友好関係を築いていたようである。

その後、二四七年頃に卑弥呼は没する。直径百余歩（約二百メートル）もある大きな塚を墓とし、奴婢百人あまりを殉葬したという。

卑弥呼の死後、邪馬台国では男王が立つが内乱となり千人あまりが死んだ。そのため、卑弥呼の親族だった**十三歳の少女・壱与《いよ》が女王となる**。すると国は治まったという。壱与もまた魏に使者を送っている記録があることから、その後も魏とは友好的だったようだ。

日本史〝空白の百五十年〟の間に何が起きたのか？

邪馬台国と卑弥呼の謎は、いまだ解くことのできない古代史最大のロマンである。卑弥呼の正体は、**妊婦ながら朝鮮半島に出兵したという、大和政権の神功皇后《じんぐう》**ではないか？　いやいや熊襲《くまそ》（日本神話に登場する一族で、南九州に本拠地を構え、大和政権に抵抗した一族）の女族長ではないかなど、盛んな議論が行なわれている。

日本はこの後、五世紀に入るまで中国の歴史書にその名が記されることはなかった。日本国内でもその間の記述がある史書がないため、三世紀中頃から五世紀までの約百五十年間は、まったくの空白の歴史となっているのだ。

五世紀に入り、倭国に「讃《さん》・珍《ちん》・済《せい》・興《こう》・武《ぶ》」の五人の大王が現われるまでの間に、邪馬台国は歴史の中に消えてしまったのである。

「義経＝ジンギス・カン」説を裏づける、これだけの証拠

源義経は、モンゴル帝国の初代皇帝ジンギス・カン（チンギス・ハーン）だった。このあまりにも有名で突拍子もない説を、誰しも一度は聞いたことがあるだろう。

その数奇な運命と悲劇性のために多くの英雄伝説が生まれ、「判官《ほうがん》びいき」という言葉があるほど、義経の人気は高い。

史実での源義経は、壇の浦の戦いで平家を滅ぼしたにもかかわらず、兄の頼朝から逆賊の罪をかけられ、奥州平泉へと逃げ、追い詰められて妻子を殺したのち自害したとされている。

だが実はこのとき、義経はひっそりと生き延びて、北から大陸に渡り、モンゴルでジンギス・カンになったというのだ。

◎徳川光圀、新井白石、林羅山――碩学たちの出した結論！

そもそもこの話、誰が言い出したことなのだろうか。義経の死に関しては、古くから多くの人が疑問視していたことだ。

なかでも、水戸黄門こと徳川光圀《みつくに》は、自身が生涯をかけて編纂した『大日本史』の中で**「義経の死は偽装だとしか考えられない」**と述べている。

光圀は藩の費用を使って有識者による調査団を結成し、義経の死について徹底的に調べたという。そこで判明したのが、死後に討ち取られた首に不可解な点があったということだった。

義経は死後に首を討ち取られ、鎌倉へと運ばれた。そして鎌倉へ首が届いたときには、なんと死後四十三日が経過していた。真夏でなくても、腐敗が進んでいてまともに検分などできない状態だっただろう。

首を入れていた箱には酒が入れられ、腐敗を防いでいたとはいうが、無理がありすぎる。

実際、検分役は鎌倉の手前で首を調べたが鎌倉へは持ち帰らず、腰越浜《こしごえはま》（現・神奈川県鎌倉市腰越）に捨ててしまったというのだ。そこに、**義経ではない首が入れられていた可能性**は十分ある。

さらに光圀による調査団たちは、現地調査を徹底的に行なっている。そこで導き出された答えは、**「義経は北海道へ渡った」**というものなのだ。

この説については、江戸時代の学者、新井白石や林羅山も、それぞれの著書で「北へ渡った」と書き述べているのである。

◎ドイツ人医師シーボルトの〝大胆すぎる仮説〟

だがそこにはまだ、ジンギス・カンの文字はない。義経＝ジンギス・カンという大胆な説を最初に唱えたのは、なんと江戸時代に長崎へやってきたドイツ人医師シーボルトなのである。

シーボルトはドイツの有名大学で医学・動植物・地理などを学んだ医師だ。彼は、日本で西洋医学を広めると共に、日本の文化や自然を研究し、蝦夷《えぞ》や樺太などの北方調査を行なっていた学者たちとも交流していた。

これら日本学の研究は七巻に及ぶ『日本』という書物に収められた。その中に、「義経＝ジンギス・カン」説が書かれていたのである。

義経が死んだのが一一八九年。ジンギス・カンの出生は不明であるが、突如モンゴル史に現われたのが一一九〇年である。

年代的には完全に一致する。

さらにジンギス・カンは九つの房がついた白い旗を持ち、それまでモンゴルや中国大陸にはなかった長弓を得意としていたという。

九《く》つの房がついた白旗とは、源氏の棟梁が持つ物で、白旗は源氏の旗印であり、九つの房は九郎《ろう》判官（義朝の九男で「九郎」の呼び名があったことと、また検非違使《けびいし》・左衛門少尉《さえもんしょうじょう》に任命されたので「判官」の呼び名があり、義経は「九郎判官」と呼ばれていた）を指しているというのだ。

左が義経、右がジンギス・カン。同一人物に見えなくもない……!?

"義経の遺品"？ハバロフスク博物館に残された物証

その後、この説はさらに多くの学者によって研究が重ねられていく。大正十三（一九二四）年、北海道で牧師をしながらアイヌ民族の救済活動をしていた小谷部全《おやべぜん》一郎《いちろう》は、『成吉思汗《じんぎすかんは》ハ　源　義経也《みなもとのよしつねなり》』を刊行する。そこには、

❍ジンギス・カンが紋章として使っていた笹竜胆《ささりんどう》の紋は、源氏の紋と同じであること。

❍ジンギス・カンは「ニロン族」だと伝えられているが、これは「ニホン」ではないか。

❍国名である「元」はすなわち「源」ではないか。

❍戦術や戦い方が酷似している。


などなど、義経とジンギス・カンの共通点が、実にたくさん書かれているのである。

これには物証もあって、ロシアのハバロフスクの博物館には、**日本式の古い甲冑《かっちゅう》と笹竜胆が描かれた朱塗りの机**があり、これが義経の物ではないかというのだ。


だが、日本ではこれほど「義経はジンギス・カンだった」という共通点や物証が主張されているのに、モンゴルの歴史書には義経の名前はまったくといっていいほど出てこない。

そもそもジンギス・カンの生いたちに関しては不明な点も多いのだが、父の名前やその長男であったことは証明されているという。モンゴル建国の英雄である彼が日本人だったとは、どこにも書かれていないのである。

つまり、「義経＝ジンギス・カン」説は、日本だけで囁かれている噂話にすぎないのである。しかしながら、源氏の英雄が大陸まで逃げ延び、そこでさらに英雄となったという壮大な浪漫譚は、謎多き中世の歴史の醍醐味といっていいだろう。

◎"世界中に千六百万人"義経の子孫がいる!?

余談になるが、近年オックスフォード大学の遺伝学研究チームが、DNA解析により、**世界中でもっとも子孫を多く残した人物はジンギス・カンだ**という説を発表した。ジンギス・カンが持っていたものと同じY染色体を引き継いだ男系子孫は、実に千六百万人にものぼるというのである。

もしジンギス・カンが本当に義経だったら、義経の子孫が世界中にいるということになるのだ。これこそは、歴史の妙といえるではないか。この謎のおもしろさは、現代科学も後押ししてくれているようである。

「今宵の虎徹は血に飢えている」——〝近藤勇の名ゼリフ〟の真相

新撰組局長として、幕末に圧倒的な存在感を見せつけた、近藤勇。彼の有名なセリフに、**「今宵の虎徹は血に飢えている」**というものがある。

しかし、実はこの虎徹が〝偽物だった〟という説があるのだ。

虎徹とは、江戸初期に名を轟かせた刀匠の長曾根《ながそね》虎徹《こてつ》作の刀剣で、新刀の横綱として、「東の虎徹、西の助広《すけひろ》」などと称された。また、彼の作品は江戸時代に発表された名刀一覧の中で、最上大業物《さいじょうおおわざもの》十二工の最上位に位置づけられている。

人気の要因は、その切れ味だった。江戸時代には、新刀の試し斬りに罪人の死体がしばしば用いられた。名刀であっても積み重ねた二体を切断するのがやっとだったというが、**虎徹はなんと一度に死体を四体スパッと切り裂いた**。石灯籠を斬っただとか、鉄兜を砕いたなどという逸話も残っている。

「虎徹を見たら、偽物と思え」

評判を聞きつけ、大名や豪商らは、こぞって虎徹を欲しがった。自然、贋作も増える。刀工・虎徹の生前から贋作は横行していたが、死後、その数は爆発的に増えた。**「虎徹を見たら偽物と思え」**という言葉があるくらいで、**在銘品のほぼ九十九パーセントが偽物**なのだそうだ。

それほど真似をしやすい刀だったのか、といえばそうでもなかったようだ。反りが極めて浅く、古鉄を用いた純度の高い刃は明るく、美しい輝きを見せ、比べると真贋は一目瞭然だったという。ただ、比べる本物が市場に出回っていなかった。

しかし、銘がクセのない美しい活字体で刻まれていたため、パッと見の外見は似せやすかったようだ。**似た形の刀剣の銘をわざわざ削って、そこに「虎徹」の銘を彫り、売りさばく**というケースが実に多かったのはそのためである。

贋作のベースとして有名な刀剣には、虎徹の門人であった長曾弥《ながそね》興正《おきまさ》や、幕末に活躍した源清麿《みなもときよまろ》のものがあるが、近藤勇の刀剣は、この源清麿のものではないかといわれている。

というのも、近藤が虎徹を手に入れた費用は、新撰組の支度金だった。たとえ新撰組の局長といえども、額が知れている。大名が所有するような名刀を手に入れるのは至難の業だ。**わずかな支度金で、横行していた偽物をつかまされた**、と考えるほうが自然だ。

実際、京都時代の近藤の虎徹には、銘を削り取った跡があったといわれる。本物の虎徹なら、そのような跡があるはずがない。

◈あの〝池田屋事件〟でも、刃こぼれ一切なし！

だが、近藤の〝虎徹〟はよく斬れた。激戦を極めた池田屋事件でもその刃はこぼれず、のちに養父・近藤周斎《しゅうさい》に宛てた手紙の中で近藤は、ほかの者の刃は折れ、ボロボロになったにもかかわらず、

「下拙刀は虎徹故に哉、無事に御座候」

と記している。

漫画家・水木しげるは、『劇画近藤勇―星をつかみそこねる男』という伝記漫画の中で、**「(近藤の虎徹は偽物だったが)本物だと信じ込んでいたからよく斬れた」**という解釈を述べている。

ただ、虎徹が近藤の名に箔をつけたように、近藤も虎徹の人気を押し上げた。近藤の虎徹好きは世間に知れわたり、自ら本物の虎徹を「どうぞ」と差し出す大名や豪商らも多かったようだ。

事実、虎徹の銘の刀剣を複数持っていたようで、第三次伊藤博文内閣の農商務大臣・金子堅太郎は、〝近藤が持っていたという虎徹〟を所有していたという。この虎徹は徳川将軍家からもらったもので、れっきとした「銘」があったという。

元寇から日本を救った「神風」は本当に〝二度〟吹いた？

二〇一一年七月、元寇《げんこう》で沈没した船が、なんと七百三十年の時を経て、琉球大学の池田栄史教授の研究チームによって、長崎県松浦市の鷹島《たかしま》沖海底で発見された。

そこで明らかになったのは船体の半分ほどだが、船体は少なくとも全長二十メートル超の大型船と推測され、その周辺には中国特有の煉瓦などが散乱しており、弘安四（一二八一）年の元寇（弘安《こうあん》の役）で沈んだ船だと判明したという。

この元寇の際に、**「神風」**が吹いたことによって日本が勝利したことは、誰もがご存じだろう。

「神風《かむかぜ》の伊勢の国は常世《とこよ》の波の敷浪《しきなみ》の帰する国なり。この国に居らむと思ふ」

これは『日本書紀』に書かれた一文で、倭姫命《やまとひめのみこと》が天照大神《あまてらすおおみかみ》から受けた神託だ。

神風とは、神が吹かせる風のこと。現在では思いがけない幸運が舞い込んでくることを指すが、その意味は鎌倉時代の元寇に由来する。

周知の通り元寇とは、鎌倉時代中期に大陸を支配していたモンゴル帝国と高麗《こうらい》王国が、文永十一（一二七四）年の「文永《ぶんえい》の役」と、弘安四（一二八一）年の「弘安の役」の二度にわたって日本に攻めてきたことをいう。

世界史上最大の版図を獲得した
元の皇帝フビライ・ハーン

高麗王国を手中に収めたモンゴル帝国の皇帝フビライ・ハーンは、自分こそが正統な中国王朝の継承者だと主張し、東アジア圏の国際秩序を再建しようとした。まあ、要するに東アジアの王になろうとしたわけである。

日本も属国にしようと何度も親書を送ったが、鎌倉幕府はこれを無視。とうとうフビライ・ハーンを怒らせてしまい、日本征伐となってしまったのである。

◎〝大陸の覇者〟も神風の前に壊滅！

モンゴル軍と高麗軍合わせて三万二千三百人もの兵が対馬・壱岐《いき》で殺戮を繰り広げたのち、博多湾へ上陸したのは、文永十一（一二七四）年十月二十日のことだった。対する日本軍は、九州に在住する御家人や武士たちを中心に総勢一万人。数では圧倒的に負けている。しかも敵軍は毒矢や鉄砲など、見たことのない兵器を用いているのだ。ほうほうの体で、日本軍は大宰府まで撤退したという。

だがこのとき、**神風が吹いた**のだ。

敵軍上陸の翌日に、モンゴル軍・高麗軍の船団はすっかり海上から消えていたのである。上陸した夜に激しい暴風雨が吹き荒れ、帰らざるを得なかったというのだ。これにより日本は勝利したのであるが、人々は神風が吹いたとさかんに噂した。

しかし、その七年後に弘安の役が起こる。高麗軍四万人を乗せた九百隻の船と、モンゴル軍十万人を乗せた三千五百隻が二方向から、再び日本に攻めてきたのである。

大軍を率いたモンゴル軍は、鷹島からの攻撃を試みたが、日本軍の迎撃にあい、ことごとく失敗。

そしてモンゴル軍の上陸作戦がうまくいかないうちに、**巨大な台風がやってきた**のである。海上は五日間荒れまくり、やっと海が凪いでから日本の武士団が見に行くと、**四千四百隻の軍船はほぼ壊滅**していたのである。一説には、モンゴルへ無事に帰れた者は三人のみだったとか。

このときもまた、神風が吹いたのである。神風のおかげで、日本は強大なるモンゴル軍を二度も追い払ったのだ。

◎本当は「武器不足」で元は退散した!?

だが、なぜこうも都合よく神風は吹いたのか。

二度目の弘安の役のときは、台風シーズン真っ只中の夏。モンゴル軍は、一カ月近く対馬沖や鷹島沖に停泊しつつ日本を攻撃していた。

夏の九州で一カ月も海上にいれば、台風の一つや二つが訪れても不思議ではない。運よくドンピシャなタイミングで暴風雨が吹き荒れて敵を撃退できただけで、「神風」とは言いがたいかもしれない。

だが、文永の役は旧暦の十月末。冬である。季節はずれの台風と呼ぶには無理がある。本当に神風が吹いたのか……？

実は、文永の役のときに暴風雨が吹いたと書いてあるのは『八幡愚童訓《はちまんぐどうくん》』という記録のみなのだ。そのためモンゴル軍が撤退した本当の理由は、**「武器が足りなくなった」から**だという説が、現在では有力視されているのである。

しかし、たった一日で射つくしてしまうほどしか矢を持たず、わざわざ日本まで「侵略」しにくるとは、少々理解しにくい。このとき、いったい何が起きたのか？

そもそも当時は、風水や占いから導き出された戦術を使うことが珍しくなかった。そして、モンゴル軍は**『三国志』の諸葛孔明が赤壁の戦いで使用したといわれる「奇《き》門遁甲《もんとんこう》」という占術**を使っていた。その日の吉方位などから、戦い方を導く占いだ。

この占い、古代中国で生まれたものだが、驚異の的中率を誇った。大陸で大帝国を築いたモンゴル軍は、これまでも奇門遁甲を使って、破竹の勢いでその勢力を拡大してきたのだろう。

同じように、**日本侵略など雑作もないと少ない装備でやってきた**のではないだろうか。しかし予期しなかった暴風雨にあい、モンゴル軍は逃げざるを得なかったのかもしれない。

しかし実は日本も、この奇門遁甲を使って戦術を立てていたのである。**元寇は、まるで奇門遁甲VS奇門遁甲の魔術戦となっていた**のである。

その後、フビライ・ハーン率いるモンゴル軍は三度目の日本征服計画を立てたが、ついに日本に襲来することはなかった。

そしてその後、日本史上で神風が吹いたという記録はない。

3章
陰謀が渦巻く！血塗られた歴史秘話

――怨念・因縁が渦巻くゾッとする噂

千年続く怨念！　平将門の首塚伝説

東京都千代田区大手町一丁目は、すぐ近くに東京駅と皇居があり、周辺はオフィスビルが立ち並ぶ、いわゆるビジネス街だ。この一画に、少々不思議な場所がある。まるでそこだけ取り残されたかのようにシンと静まり返っている。

ここは有名な**「将門《まさかど》の首塚」**と呼ばれる平将門鎮魂碑が立つ場所だ。毎日、絶えることなく線香の煙がたゆたい、近隣のビジネスマンも祈りを捧げているという。

東京のど真ん中に、なぜ「将門の首塚」はあるのだろうか？　将門が亡くなったのは下総（現・千葉県北部、茨城県南部）での戦、天慶《てんぎょう》の乱《らん》（九四〇年）のときである。討ち取られた将門の首は遠路はるばる平安京へと運ばれ、さらし首とされたのだ。

それがなぜ、東京で祀《まつ》られているのだろうか。

◎体を求めて〝さらし首〟が飛んだ!?

『太平記』によると、都でさらし首となった将門の首は、何カ月も腐らず、まるで生きているかのように目を見開いていたというのである。

そして夜になると、**「私の体はどこにあるのか。ここに来い。首をつないで一戦《ひといくさ》しよう」**と叫び続けたのだ。近隣の者は誰もが恐怖で震え上がった。あるとき、歌人の藤六左近が、将門の首を見て一首詠んだという。

「将門は　こめかみよりぞ　斬られける　俵　藤太《たわらのとうだ》が　はかりごとにて」

俵藤太とは、将門を倒した猛将・藤原秀郷《ふじわらのひでさと》のことである。これを聞いた将門は高らかにあざ笑い朽ち果てた、と『太平記』には書かれている。

だが、実はさらし首となった三日目に、**自分の体を求めて東へと飛んだ**という説があるのだ。そして、飛び行く首を見つけた美濃国（現在の岐阜県南部）の隼人《はやと》神《かみ》が、神矢で将門の首を射落とそうとしたのである。

それでも首はなんとか武蔵の国まで飛んできたが、芝崎村（現在の東京都千代田区）まできて力尽き、落下したという伝説があり、現在の「将門の首伝説」の元となっている。

もちろん、その首の落ちた場所というのが、大手町にある「将門の首塚」の立つ地なのである。首が落ちてきた当初、大地は大きな音を立てて揺れ動き、太陽も隠れて闇夜になったという。恐れた村人たちは、塚を築いて手厚く埋葬したのである。

その後も度々祟《たた》りが起きたことから、将門に「蓮阿弥陀仏《れんあみだぶつ》」という法号を追贈し、神田山日輪寺にて供養、さらに神田明神にその霊を祀ったことにより、なんとか霊魂は鎮まったといわれている。このオフィス街にひっそりと鎮座する碑は、超ド級のいわくつきの場所なのである。

◉〝首塚取り壊し〟計画で祟りが続出！

やがて、この首塚に不敬な行為をすると祟りが起こるといわれるようになった。しかし関東大震災が起こり、首塚のあたり一帯が整地されることになる。そこで、一度塚の発掘をしてみようという話になり、調査が行なわれたのだ。

塚の中からは小さな石室が発見され、中からは江戸時代のものと思われる瓦や陶器の破片が見つかった。しかし、将門に関するものは何もなかったという。そもそも石室自体が、一度盗掘にあったあとに補修されたものだということがわかったのだ。

発掘調査のあと石室は壊されて、その上に大蔵省の仮庁舎が建てられることになった。

すると、不可解な出来事が立て続けに起こったのである。**大蔵省の役人と工事関係者に、死者や怪我人が続出した**のだ。当時の大蔵大臣をはじめとし、たった二年間で関係者十四名が亡くなり、さらに数え切れないほどの怪我人が出たのである。しかも、なぜか足に負傷する者が多かった。

人々はこれを見て、**「首塚を壊し、その上に庁舎を建て、将門を足蹴にしている祟りだ！」**と噂したという。結局、庁舎は取り壊された。

その後、神田明神の宮司が祭主となり、大蔵大臣はもちろん大蔵省の役人達が参加し、盛大な将門鎮魂祭が執り行なわれた。これにより、大蔵省および周辺の不安も収まったのだった。

しかし、祟りはこれで終わらなかった。毎年の行事として慰霊祭が行なわれていたのだが、一応祟りが鎮まったことと、太平洋戦争が始まったことで、祭祀がおろそかになってきたのだ。

すると今度は、**新しく建てられた大蔵省本庁舎に雷が落ち、あっという間に炎上**してしまったのである。またしても将門の祟りではないかと噂が立ち、さらに盛大な慰霊祭が行なわれた。

◎千年の時を経ても鎮まらない〝将門の無念〟

太平洋戦争で、東京は空襲により焼け野原となった。首塚周辺も例に漏れず、一帯はＧＨＱが接収し、駐車場になる工事が始まった。

だが、またしても死亡事故が起きた。工事は中止となり、塚は地元が管理することとなった。その後、町会有志や関連企業が発起人となった史跡将門塚保存会が発足し、

首塚に手を合わせ、花を供える人はあとを絶たない

現在でも毎年慰霊祭が行なわれている。

　将門が死んで千年以上が経った今でも、絶えることなく鎮魂は行なわれている。首塚の境内には、数多くの蛙の置物が置かれているが、これは将門の首が京から飛んで帰ったことから、**「必ず帰る（蛙）」**にかけられているとか。

　会社で左遷になった人が元の会社に戻れるように、行方不明になった子供が無事に帰ってこられるようにと、蛙を供えているという。

なぜ源氏将軍家は三代で〝血筋断絶〟の憂き目にあった？

「いい国（一一九二）作ろう鎌倉幕府」

かつて、日本史の年号を覚える語呂合わせで、鎌倉幕府成立をこうして覚えた人は多い。建久三（一一九二）年は、源頼朝が征夷大将軍《せいいたいしょうぐん》に任命され、鎌倉幕府が成立した年である。

だが、現在の歴史の教科書では、**鎌倉幕府成立は「一一九二年」ではなく、七年早い「一一八五年」だとされている**のだ。

頼朝の全国統治が実は征夷大将軍となる以前から機能していたことにもとづいてのことだが、新しい年号となっている一一八五年は、壇の浦の戦いで平家が滅亡した年である。これを期に、頼朝は朝廷から守護・地頭を設置することを認められ、全国の軍事権・警察権を掌握した。これをもって、鎌倉幕府が始まったと考えるようになったということなのだ。

そのようにして、悲願の政権奪取を果たした源氏だが、その後、たった三代でお家滅亡となってしまったのである。

幕府という統治国家を開き、初代将軍となった頼朝。

その嫡男で、十八歳で二代将軍となった頼家。

兄頼家追放後、十二歳で三代将軍となった実朝《さねとも》。

源氏という由緒正しい武士の家系から生まれたこの将軍家は、実朝が二十八歳のときに甥に暗殺されるという、壮絶な最期をもって断絶した。**鎌倉幕府成立から、たった三十四年間の天下**でしかなかったのである。

源将軍家三代の、血塗られた死を追ってみよう。

◈初代頼朝——妻・政子による「水銀中毒」暗殺説

頼朝の最期は、実に謎めいている。建久九（一一九八）年の年末、相模川で行なわれた橋供養からの帰路の際、落馬したというのである。それが元で、翌年の一月十三日に五十三歳で死去という、突然の最期を迎えている。直前まで精力的な政治活動を行なっていただけあって、なんともあっけない死に方である。

そもそも武芸に秀でていた頼朝が落馬したというのも、なんだか腑に落ちない。一説には、**糖尿病や脳出血説**などが囁かれているが、病死ならば史実にきちんと書かれているはずだ。だが鎌倉幕府の歴史書である『吾妻鏡』には、そのような記述はない。それればかりか、一一九六年から一一九九年の正月までの記録が一切ないのである。

これでは、**本当の死因が意図的に隠されたのではないか**、と思わず考えてしまう。なぜ隠すのか。死の原因がほかにあるからと考えるのが定石だろう。

頼朝暗殺に関しては諸説あるのだが、**もっとも有力なのが北条氏による暗殺説**だ。まず挙げられるのは、頼朝の妻であり、北条時政の娘、政子である。

暗殺の理由は、幕府を開いたことで用無しとなったためか、いずれにせよ、**度重なる浮気により政子が愛想を尽かしたため**ではないかと考えられる。鎌倉幕府の有力御家人であった北条氏が、何らかの策略を働いたと見るのが妥当だ。

頼朝は水銀中毒だったという説もあるのだが、北条氏の地元伊豆は水銀の産出地でもある。確固たる証拠はないが、ただの事故死ではなかったのではないかと思えてくる。

◈二代頼家――二十三歳で妻子もろとも北条氏の手兵に暗殺

頼朝の急逝により、十八歳の若さで家督を相続し、鎌倉幕府の二代目征夷大将軍となったのが、嫡男の頼家だ。

父の才能を受け継ぎ、武芸の達人として成長した頼家だったが、若さゆえか地位にあぐらをかいてやりたい放題。老臣とは対立し、遊興にふけるわ家来の愛妾は奪うわ、北条氏はもちろん、御家人たちからも不満の声が高まっていた。

そして、弟の実朝を将軍に擁立する動きも出てくる中、頼家は病に倒れる。病状が回復しないこともあり、頼家は息子の一幡《いちまん》を跡継ぎにしようとするが阻止されてしまう。そして一幡と逃げた妻の若狭局《わかさのつぼね》は、一族もろとも北条氏の手の者に殺されてしまったのである。

また、頼家自身も将軍職から追放され、**二十三歳という若さで北条氏の手兵によって暗殺**されるのだ。

その死は『愚管抄《ぐかんしょう》』によると、入浴中を襲われ首を紐で縛られ、それでも抵抗したので**「ふぐり（男性の急所である）」を刀で切り落とされて絶命する**という、残虐極まりないものだった。かつての将軍に対する仕打ちとは思えない、不憫すぎる最期である。

◎三代実朝――〝甥による夜襲〟であっけなく落命

さらに不憫なのは、源氏最後の将軍・実朝だ。

父・頼朝の急逝に続き、兄・頼家も追放され死去し、十二歳で征夷大将軍となるのである。すでに政治の実権は北条氏が握っていたのだが、成人してからは将軍に政権を取り戻そうと、自らも政治に介入していく。

だが、朝廷との関わりを深めようとした政策は、北条氏を怒らせていく。

そして二十八歳のとき、頼家の次男である公暁《くぎょう》の夜襲にあい、実朝は落命する。公暁はこのとき、**「親の敵はかく討つぞ！」**と叫んだそうだ。

つまり、公暁は父・頼家の死を実朝の策略だと考えていたのだ。しかし、当時わずか十二歳だった実朝が、頼家を将軍の座から引きずりおろすような力を持っていたとは到底考えられない。

このように公暁を暗殺へとたきつけたのは、**北条氏が黒幕だったのではないか**という諸説もあり、実朝の死もまた、謎に包まれているのだ。

こうして、三代で源氏将軍家は滅亡した。頼朝のほかの子たちも早世しているし、実朝には子はなかった。二代目頼家に至っては五人の子を成していたが、男子は四人ともお家騒動に巻き込まれ、北条氏らの手によって暗殺または自害している。

女子である竹御所《たけのごしょ》は、四代将軍藤原頼経《よりつね》の正室となったが、難産により男児を死産後自らも死去したため、頼家の子供たちは一人の子も成さぬまま全員死亡している。

徹底的にその血筋を絶たれた形になった、源氏将軍家。

裏に潜む北条氏の闇の策略も恐ろしいが、妻や子孫にまで及ぶ血塗られた運命には、薄ら寒さを覚えずにいられない。

桓武天皇が「長岡京」「平安京」へ二度も遷都した理由

和銅三（七一〇）年、元明天皇によって奈良に遷都した平城京は七十四年間その地で栄えた。

だが都として栄え、人口が十万人と巨大化していくにあたり、平城京は都市として限界に達する。地理的な要因で、水の便の悪さを抱えていたのだ。

平城京は奈良の中央に位置し、大きな川からは離れていた。そのため、大量輸送のできる大きな船が使えず、食料や資材を効率的に運ぶことができなかったのだ。

また、小さな川はいくらか流れていたのだが、人口が増えるにしたがってしだいに水不足になり、生活排水を流すこともできず、そこら中に汚物が溜まっていたという。

寺社勢力の強まりなどもあり、遷都を検討していた桓武天皇は、衛生状態が限界に達したことも考慮して、とうとう平城京を捨てることを決意した。

「なんと（七一〇）綺麗な平城京」という年号の語呂合わせは有名だが、その実、都は汚れきった形での遷都だったのだ。


平城京の地理的弱点を克服することと、膨大な人口を支えることができる土地として選ばれたのが、**長岡の地**だった。

桂川、宇治川などが流れ、それらの川が合流する淀川も近くにあった。船で物資を運ぶには、実に好都合な土地だったのだ。多くの水脈も有し、町中に井戸も掘られた。都は緩やかな斜面に作られたので、平城京で問題となった生活排水は、自然と川へと流されていく仕組みとなり、人々は清潔に暮らすことができた。


だがしかし、この理想的な都は、わずか十年で平安京へと遷都される。せっかく手に入れた住みやすい都を手放さなければならなかった理由。

――それは、**長岡京を襲った恐ろしい怪異の仕業**だったのだ。

◎飢饉、疫病——憤死した〝早良親王の怨念〟で長岡京は大混乱！

遷都直後から長岡京では不穏な事件が次々と起こった。

まず、長岡京造営工事の責任者だった、藤原種継《ふじわらのたねつぐ》が暗殺される。暗殺に関わった犯人は寺院関係者など複数おり、これが桓武天皇への反逆であることがわかったのだ。

関係者はただちに斬首などの処分となったが、その犯人の中に、**桓武天皇の弟で皇太子の早良親王《さわら》**がいたのである。

早良親王は容疑を否認したのだが、結局、淡路国へと配流《はいる》されてしまう。だがその途中、早良親王は**無実を訴えるために絶食して憤死**したのである。

事実、早良親王がこの事件に関わっていたという証拠はない。自分の息子を次の皇太子につけたかった桓武天皇にとって、皇位継承権のある早良親王は、ただでさえ邪魔な存在。平城京時代に我が物顔をしていた寺院勢力と共に、一気に葬り去ったのではないかといわれているのだ。

この事件を皮切りに、長岡京は暗雲に包まれていく。日照りが続き、人々は飢饉《ききん》に悩まされた。さらに、長岡京一帯で疫病が大流行。その疫病は全国へと広がり、飢饉と相まって各地で多数の死者が出た。

そのうえ大雨にも襲われ、都の中を流れる川が氾濫し、まだまだ造成途中であった都に、大きな被害が出た。

これほどの不運、原因は何かと占ってみたところ、なんと**早良親王の怨霊**であることがわかったのだ。

実は、桓武天皇は自分が皇位につく際、異母弟やその母などを謀殺していた。遷都のもっとも大きな理由は、平城京には彼らの怨霊が祟《たた》っていると感じていたからだったのだ。そして見事に思惑通り、長岡京へと移ったのだが、今度は早良親王に祟られてしまったのだ。

無実の罪を着せられ、無念のまま亡くなった早良親王は、ついに桓武天皇の夢枕に立つようになった。白衣に蓬髪《ほうはつ》姿で夜な夜な現われ、桓武天皇の身近な者を呪い殺すというのである。

桓武天皇は早速、早良親王の怨霊を鎮める儀式を行なった。だが、それもむなしく、妻が三十歳の若さで疫病により死去。次いで生母や別の夫人も死去してしまう。とうとう皇太子である安殿《あて》親王（平城《へいぜい》天皇）も疫病にかかってしまったのだ。

◎〝霊的バリア〟の強い土地として選ばれた平安京

長岡京は遷都から数年たっても、災害により完成はかなり遅れていた。災難に次ぐ災難に加え、天皇家に祟る怨霊に悩まされた。

そこで桓武天皇は、次の遷都を考え出したのである。今度こそ、地形はもちろん、災害や怨霊にも強い霊的バリアのある土地を選ばねばならない。

そこで選定されたのが、**京の都・平安京**だった。

このようにして桓武天皇は、わずか十年で長岡京を捨て去る。ご想像の通り、遷都には莫大な費用もかかるし、多くの民の生活も左右する。役人たちや僧侶たちの人心掌握にも、大変な気苦労があったに違いない。

だが、桓武天皇は平安京への遷都を決めたのだ。怨霊対策のために……。

しかし桓武天皇の願いむなしく、近親者の相次ぐ死など、遷都後も怪異は続いた。遷都だけでは早良親王の怨霊は鎮めきれなかったのだ。

そこで桓武天皇は**早良親王に「崇《す》道《どう》天皇」の尊号を贈り、淡路島に寺を建立する**など手厚く祀ったのである。

桓武天皇は死ぬまで早良親王を鎮撫し続けた。遺言では「諸国の国分寺に春と秋の二回、七日間にわたって崇道天皇の冥福を祈り、金剛般若経を転読せよ」と残すほどだった。

怨霊におびえ、遷都を繰り返した桓武天皇。そして新たに開かれた平安京は、千年以上、都として栄えることになったのである。

〝黄金ドクロ〟で酒盛り！信長が傾倒した「密教の秘儀」とは？

天正二（一五七四）年の元旦のことだった。岐阜の稲葉山城内では、織田信長が武将や家来たちを招いて、盛大なる年賀の酒宴を開いていた。

着実に勢力を広げている信長による宴は、大いに盛り上がった。宴もたけなわとなり、近しい武将だけが残った内々の酒宴になった頃、信長が一人の家来にこういった。

「アレを持ってこい」

家来はすぐさま、信長の前に黒塗りの立派な箱を差し出した。

「これを肴に祝おうぞ」

箱を開け、おもむろに中の物を取り出す。それは**金色に光る三つの球状の置物**だった。いや、球状とはいってもやけにゴツゴツしている。いったいこれは何なのか？

実は、**人間の頭蓋骨、ドクロ**だったのである。

漆を塗り金粉をかけられた金色のドクロ……。それも三個も。

これは、越前の朝倉義景《よしかげ》と近江の浅井久政・長政親子のもので、前年の八月に信長が討ち取った政敵の頭蓋骨だったのだ。

正月の宴に並べられた、三個の金ドクロを肴に飲む酒は美味かったのか不味かったのか。少なくとも信長は、すこぶる機嫌がよかったようである。

〝冷血・非道〟の現われか、〝政敵への敬意〟か

このエピソードは、信長旧臣の太田牛一が著した『信長公記』に記された話で、どうやら事実に近いといわれている。

のちの小説や漫画などでは、このドクロを杯代わりにして酒を飲んだと書かれることもあるが、これは創作であると見られている。信長と交流のあったポルトガル人宣教師のルイス・フロイスが、「信長は酒が飲めなかった」と書き残しているためだ。

いずれにしても、信長の冷血かつ非道な悪趣味っぷりが、この話からはヒシヒシと

伝わってくるだろう。

では、なぜ信長はドクロに金を塗ったのか。

一説では**ドクロを漆で塗り、その上に金を施す「箔濃《はくだみ》」という行為は、死者への敬意を表するもの**だともいわれている。しかし、「鳴かぬなら　殺してしまえ　ホトトギス」と譬《たと》えられた信長が、死者に敬意を表するような情け深い人物だったとは思えない。

実はこれは、〝**ある密教**〟**の秘儀**に通じるものではないか、といわれているのだ。

神仏を畏れない信長を虜にした〝アブナイ教義〟

その密教とは**「真言立川流」**という、南北朝時代に大成された仏教の一派だ。江戸時代にはそのアヤシさから弾圧されてしまったが、それまでは秘かに知られる密教であった。

そして、この真言立川流はなんと、**性交を通じて即身成仏に至るという教義**を持っているのだ。

仏教では「不邪淫戒」の教えがあり、自分の妻または夫以外と交わってはいけないとしているが、密教では肯定されている場合がある。真言立川流は後者であり、陰陽である男女の性交によって不浄から清浄になると考えられているのだ。

さらに驚くべきは**人間の頭蓋骨、ドクロを本尊にしている**のである。

このドクロ本尊の作り方が、かなりアブナイのだ。

ドクロに何度も漆を塗り、そこに和合水（男性の精液と女性の愛液を混ぜたもの）を百二十回塗り重ね、さらに毎夜子丑の刻に香を焚いたり秘密の符を入れたりし、銀箔・金箔を何度も貼り、さらに和合水を塗りつける……。

実にキテレツな方法でドクロを飾り立てるのである。最後には顔に化粧をして、美女か美少年のように作り上げるのだ。

こうして、魂を吹き込まれたドクロ本尊が完成する。**完成までは、なんと七年もの歳月がかかる**というのだ。したがって、これを作り上げるためには、男女が何度も性交することになるため、その過程で悟りを得られるという考えらしい。真言立川流はつまるところ、アヤシいセックス教団だと思って問題ない。

信長が正月の酒宴に並べた、朝倉・浅井親子の三つの黄金ドクロ。この真言立川流のドクロ本尊に、限りなく似ているとは思えないだろうか？

信長が真言立川流の信者であったかどうかは定かではないが、ドクロに金を貼るなど、常識ではあまりにも理解不能な行動である。彼はどこかで、真言立川流のことを知っていたのではないだろうか。

神仏を信じず、仏罰をものともせずに比叡山を焼いた信長。天下のためには大量虐殺を行なうことにも躊躇しない人物である。

そんな彼がアブナイ密教を信じていたと考えても、不思議ではない気がしないだろうか。

呪われた妖刀「村正」と「徳川家」の浅からぬ因縁

〝妖刀〟と呼ばれる、いわくつきの刀、「村正《むらまさ》」。

この村正を一度手に取った者は、まるで人が変わったように人を斬りたくなり、血を吸わない限り鞘《さや》に納まることはないという〝呪われた刀〟なのである。

そんな〝妖刀伝説〟の一つに、**「徳川家の呪い」**がある。

事の発端は、徳川家康の祖父・松平清康《まつだいらきよやす》からだった。清康は、ある重臣に反逆の嫌疑をかけていた。そして、その重臣の息子が、清康が反逆の罪で父を暗殺するという噂を聞き逆上。**主君である清康を殺害**してしまったのである。

そのときに使われた刀の銘が、この村正だった。

さらに清康の長男・広忠《ひろただ》（家康の父）は、酔っ払った家臣に刀で太ももを刺されたことがあった。命に別状はなかったが、このときの刀もまた村正だった。

さらに因縁は続く。

家康の長男・信康が切腹した際の介錯《かいしゃく》に使われたのも村正。

槍の検分中に、家康がうっかり指を傷つけたのも村正だった。

ことごとく刃を向ける村正を、徳川家はしだいに嫌悪するようになった。そのため名刀といわれていた村正だが、徳川家からはすべて廃棄され、それ以後も忌避されるようになったのである。

この噂は広く伝わり、徳川家を嫌う武将たちはこぞって村正を買い求めたという。

「村正なら、徳川に一太刀入れることができるかもしれない」と。

大坂の陣で徳川勢を窮地に陥れた真田幸村は、この噂を意識してなのか、村正の刀を愛用していたという。

◉片手を失ってまで〝師匠の秘伝〟を盗んだ執念

妖刀村正は、伊勢国桑名（現・三重県桑名市）の刀工・村正によって作られた。村正とよく比較される刀工・正宗とは、師弟関係にあったという話があるが、確かではないようだ。

とはいえ、二人に関する逸話がいくつかある。有名なものを二つ紹介しよう。

諸国を歩き回りながら刀鍛冶の修業をしていた正宗は、ある村に逗留した際に、村正を弟子にした。

とても腕のよかった村正だったが、正宗は秘伝だった「刀を冷却するときの湯加減」を村正に教えなかったのである。村正は、なんとしてでもその湯加減を知りたいと思っていた。

そして、正宗が刀を打っている隙を見て、用意されていたお湯に手をつけたのだ。すると正宗は大層怒り、村正の手を刀で叩き斬ってしまったのである。

正宗はそのまま旅立ち、村正は片手は失ったが秘伝を知り、名刀を作ることができるようになったという。

また、こんな逸話も伝えられている。正宗が作る刀はとてもよく斬れ、名刀と呼ばれていたため高値で売れていった。

だが、村正の刀はなかなか売れなかった。出来が悪いわけではない。なぜか人気がなかったのである。村正は、しだいに正宗の人気を妬むようになってきた。

「正宗さえいなければ、俺の刀も売れるはずだ……」

村正の呪いにも似た〝気〟は、やがて刀へと乗り移るようになってきた。打つ刀すべてに、正宗への歪んだ恨みがこもるようになったのである。しばらくして、村正の刀も売れるようになってきた。切れ味がよく、多くの侍が買い求めにきたという。

だが、同時にこんな噂も入ってくるようになった。村正の刀を持つと人が変わったように**人を**斬りたくなる、そして**人を斬らないと鞘に納まらない**というのだ。

やがて、村正の打った刀は〝妖刀〟と呼ばれ、多くの血を吸いながら受け継がれていくのである……。


どちらの話も、正宗と村正の相容れない関係が描かれている。村正の鬱屈した恨みの深さがよくわかるだろう。

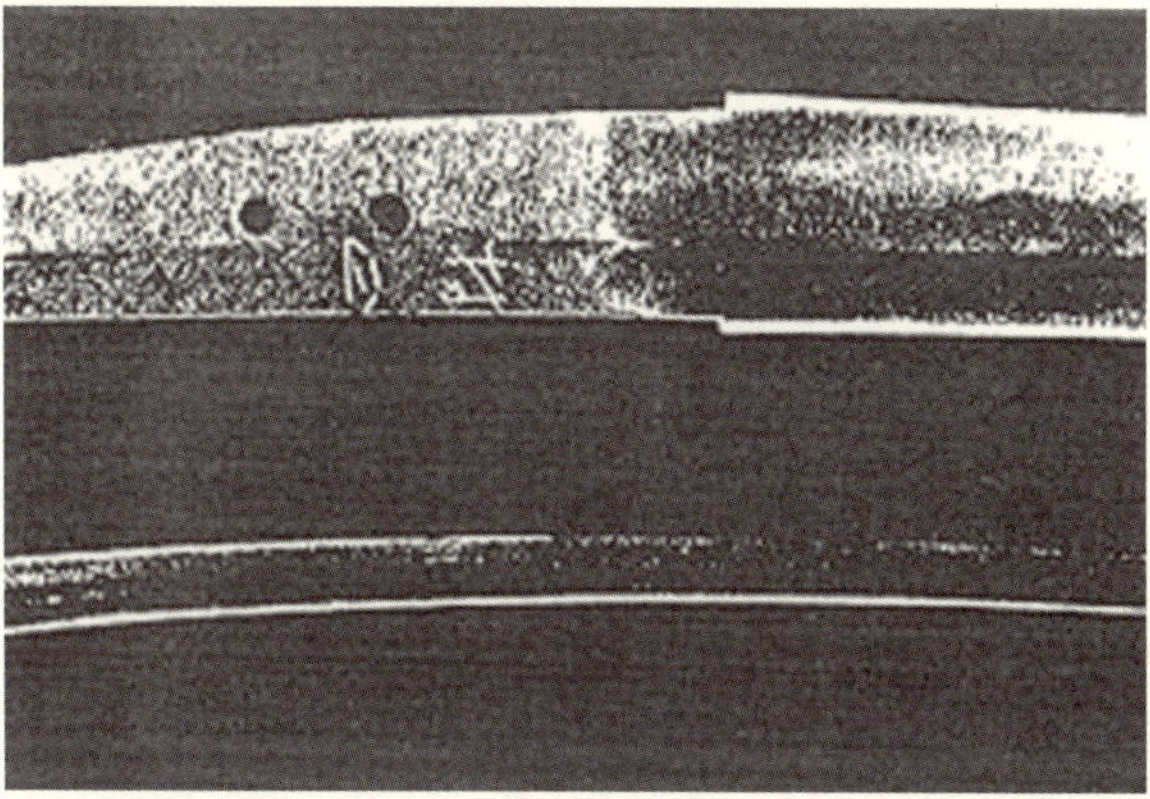

「村正」の銘が刻まれた刀。刀工の怨念がこもっているのだろうか

さらに、村正が〝妖刀〟と呼ばれるエピソードは現代になっても尽きない。

ある大学で、刃物の切れ味を数値化する測定器を使って、さまざまな名刀を計ってみたところ、村正だけは測定するたびに数値が一定しなかったとか、刀剣研磨師が刀を研いでいる最中、通常の刀は誤って斬れると血が出てから気づくが、村正だけはほかにない痛みが走る、という。

村正についてまわる〝妖しい噂〟は、尽きないようである。

4章

日本文化を創った「超・有名人物」の正体

——その〝まばゆい功績〟からは見えてこない「裏」の顔

聖徳太子に囁かれる〝不在説〟の真偽

日本の古代史を語る上で欠かせない人物といえば、聖徳太子である。

父親は用明《ようめい》天皇で、息子は蘇我氏との権力争いで不遇の死を遂げる山背大兄王《やましろのおおえのおう》。女帝であった推古《すいこ》天皇の摂政《せっしょう》を務めた。

大陸の文化を多く取り入れて、仏教を厚く信仰し寺の建立を推進。それまで豪族の力に頼りきっていた政治を、天皇中心の政治に改めるため「冠位十二階」や「十七条憲法」を定めた。聖徳太子は、天皇による政治を推し進めたバリバリの政治家だったのだ。

一万円札の肖像になっていたこともあり、その名と顔を知らない人はいないだろう。しかし今、歴史の教科書では「聖徳太子」という名称は使われていない。

「唐本御影」。中央の人物が聖徳太子かどうかアヤシいらしい

実は、**「聖徳太子」という名称は、彼の死後につけられたもの**なのだ。没後百年以上経った頃に作られた歴史書によって、「聖徳太子」という名称がつけられ、その後の史書でもその名称が用いられたことにより一般化したという。

そのため「聖徳太子」という名称は適切ではないとして、教科書には「厩戸王《うまやとおう》」「厩戸皇子《うまやどのおうじ》」と記されるようになっているのである。

また、お札の肖像となり、**聖徳太子を描いた最古の絵とされていた「唐本御影《とうほんみえい》」が、実はまったく違う人物のものである可能性**が出てきたという。

そのため、現在ではこの絵を肖像として

使うこともなく、かつての〝聖徳太子像〟は根底から覆されているのである。一万円札の聖徳太子に慣れ親しんできた世代にとっては、ちょっとがっかりした気分にさせられることであろう。

◎なぜ厩戸皇子の〝神性・天才性〟が喧伝されたか

それだけにとどまらず、実は聖徳太子は想像上の人物だった、つまり実在しなかったという説まで出てきているのだ。

幼い頃から聡明だったという厩戸皇子には、数々の超人的な伝説が残されている。十人もの人が一度に話しても、すべてを理解し、それぞれに的確な答えを返したという。

また献上された数百頭の馬から神馬を見抜き、その馬に試乗すると天高く飛び上がり、富士山を越えて信濃国（現・長野県）まで飛んでいったという飛翔伝説もある。

未来を見通す力も持っており予言書を残したとか、死んだ人を生き返らせたとか、まるで神か超能力者ではないかと驚くような伝説も残されているのである。

これらは、厩戸皇子の神性をアピールするための作り話だとは思えないだろうか。いくら厩戸皇子が天才的だったとはいえ、そのまばゆいばかりの功績を一人で作り上げたというのには無理がありすぎる。

中でも「十七条憲法」には、官名や内容に飛鳥時代より下った後世の概念が含まれているといわれている。したがって、聖徳太子一人で作り上げたものではなく、当時の学者数人によって作られたと考えられている。

これらが、「聖徳太子がいなかった」といわれる理由なのである。

『日本書紀』編纂者・藤原不比等が目論んだこととは?

では、誰が聖徳太子というキャラクターを作り上げたのか。それは『日本書紀』を編纂した、藤原不比等《ふじわらのふひと》であるという。

藤原家はのちに天皇家と深い結びつきを持っていく貴族であるが、古代から中世にかけて、政治の表でも裏でも活躍した一族だ。

『日本書紀』の編纂を任された不比等は、**藤原家と天皇家の関係を色濃く描き出すた**

め、**聖徳太子をねつ造したた**というのである。

たとえば聖徳太子は、物部氏《もののべし》と蘇我氏《そがし》の争いの際に蘇我氏側につき、木彫りの四天王の像を作り「この争いに勝利したならば、仏塔をつくり仏法を広めることにつとめる」と戦勝祈願したという。

するとその祈願が通じたためか、見事、物部氏に勝利した……という逸話も、まるで寺社建立のための言い訳のように聞こえてくる。

また、当時は大和政権以外にも、九州に別の王権があり、実は遣隋使とともに「日《ひ》出処《いずるところ》の天子……」から始まる文書を送ったのは、その王権の王だったのではないかという説もある。


現在、「聖徳太子」といわれている人物は、実際に存在した**「有力な皇族だった厩戸皇子」**と、藤原不比等が『日本書紀』の中で作り上げた**「厩戸皇子というキャラクター」**と、正史には書かれていないが**「歴史に功績を残した人物」**がミックスされてできあがったものなのではないだろうか。それならば、数々の超人的な噂や政治手腕も納得がいく。

現在では宮内庁に管理されている、叡福寺北古墳

聖徳太子の墓所は大阪府南河内郡太子町にある「叡福寺《えいふくじ》北古墳」だとされている。ここに眠っているのは、天才・聖徳太子なのか。まるでその秘密を隠すように、この古墳は「結界石」と呼ばれる石によって、二重に囲まれている。

天才陰陽師・安倍晴明の〝出生の秘密〟

平安時代、官職の一つに陰陽寮《おんみようりよう》という機関があった。

天文や暦を占う朝廷直結の部署であり、そこには占星術を専門とした天文博士、暦の編纂をした暦博士、そして**陰陽道にもとづき呪術を行なった、陰陽師**がいた。

平安時代には、さまざまな不可思議現象は、妖怪や怨霊の仕業だと考えられていた。貴族たちは、それらの怪異を退けるためにどうすればいいのかということに、日々頭を悩ませていた。そのため、呪術は生活に必要不可欠だったのである。

もちろん、平安時代に起きていた不可思議現象の多くは、現代の科学で解明できることばかりだっただろう。雷は雷神の仕業ではないし、つむじ風に乗って人に切りつけたという妖怪「かまいたち」は、風に舞う鋭利な砂や石とぶつかることによって生じるあかぎれの類いであったことは、現代ではたやすく証明できる。

だが、平安の人々にとっては、病気や天災ですら彼らの常識外のこと、すなわち怪異であったのだ。

◎貴族たちを震えおののかせた〝超常的能力〟

そんな平安の世の中で、天才陰陽師と呼ばれたのが**安倍晴明**である。

十～十一世紀に活躍し、多くの歴史書や説話集にその名が残っている実在の人物である。

晴明が扱う陰陽道とは、古代中国の「陰陽五行説」という思想にもとづいた学問で、災害や吉凶を予測したり、呪術を行なう占いのようなものだ。嘘か誠か、晴明は式神《しきがみ》（陰陽師が操る鬼神）を使い妖怪を退治したり、呪術で怨霊から人々を守ったといわれている。

そんな晴明の呪術の力を伝える逸話が、『宇治拾遺物語《うじしゆういものがたり》』にある。

あるとき晴明が歓談しているところに、若い公達《きんだち》や僧がやってきた。そして彼らは晴明に**「式神で人を殺すことはできるか？」**と聞いてきたのである。

晴明は殺すことはできるが、生き返らせることはできないと答えたにもかかわらず、僧たちは「では、そこにいる蛙を殺してみせてくれ」といったのだ。

あきれた晴明は、「なんと罪作りなことをいうのでしょうか。私を試すというのであれば、やって見せましょう」といって、近くの草の葉をとって呪文を唱えだした。

そして、**晴明がその葉を蛙めがけて投げると、蛙はつぶれて飛び散った**のである。これを見て、僧たちは顔面蒼白となり恐怖におののいたのだった。

強力な呪術は人々を恐れさせたが、さまざまな問題ごとを抱えた権力者からは、実に重宝された。

幼少の頃に、陰陽師の賀茂忠行《かものただゆき》・保憲《やすのり》親子から陰陽道と天文学を学んだ晴明の才能は卓越していた。まだ陰陽寮で天文道を学ぶ学生だった時分に天皇から占いを命じられるなど、貴族社会で一目置かれていたことが窺える。

◎「葛の葉伝説」まで生まれた〝圧倒的な神秘性〟

そんな晴明の出自は、謎に包まれている。大膳太夫《だいぜんだいぶ》・安倍益材《ますき》または淡路守・安倍春材の子などといわれているが、明確な事実はわかっていない。

人形浄瑠璃・歌舞伎の「蘆屋道満大内鑑《あしやどうまんおおうちかがみ》」では、父は安倍保名《あべのやすな》、**母は葛《くず》の葉《は》という白狐**だと書かれている。

晴明が狐の子であったという、この「葛の葉伝説」は、もちろん芝居のための創り話なので、人気のあった晴明の出自をロマンチックに書いたものだと思われる。

この歌舞伎には、晴明が白狐の母を探しに森に行ったところ、竜宮の秘宝の水晶を授かり、それによって世の中の出来事を知ることができるようになった、などといった神秘的な話が盛りこまれていたため、人形浄瑠璃や歌舞伎が流行した江戸初期に大変な人気となったのである。

また、演題にある「蘆屋道満」とは、晴明とライバル関係にあった非官僚の陰陽師だ。道満と晴明は呪術比べのバトルを繰り広げたこともあり、そのときに晴明が道満

京都市上京区にある「晴明神社」

をコテンパンにやっつけたという話もある。

その後、晴明は天狗を封じる儀式を行なったり、数々の占いや陰陽道の儀式を行なったことが、当時の貴族の日記に記されている。後世には陰陽道の経典となる秘伝書『簠簋《ほき》内伝《ないでん》』『占事略決《せんじりやくけつ》』を編纂したといわれている。

日本の政治を陰で支えた“晴明の末裔”

晴明は八十五歳でその人生を終えるが、実は彼の血脈は途絶えることなく、現代にも子孫が生きている。

陰陽道の大家といわれる、土御門《つちみかど》家《け》がそれである。

室町時代に陰陽師として活躍した晴明の十四代目子孫である安倍有世《あべのありよ》は、将軍足利義満から重用されて公卿に昇進し、その曾孫である有宣《ありのぶ》の頃に、土御門家の称号を賜った。

土御門家は明治頃まで陰陽師として、日本の政治に関わっていたといわれている。

万葉歌人・柿本人麻呂が〝正史から抹消〟された「暗い理由」

柿本人麻呂《かきのもとのひとまろ》は飛鳥時代を代表する歌人で、『万葉集』にも多くの歌が収録されている人物だ。

あしびきの 山鳥の尾の しだり尾の ながながし夜を 一人かも寝む

この歌は『百人一首』にも選ばれているので、ご存じの方も多いだろう。柿本人麻呂の歌は数多く、当時から人気歌人だったと思われる。また、天皇をたたえる歌を詠んでいることから、それなりの身分であったと窺える。

だが、この柿本人麻呂について、現在わかっていることは数少ない。確実にわかっていることといえば、次の四つだけなのである。

- 生没年は不詳だが、天智《てんじ》朝（六六〇年代）から文武《もんむ》朝（六九七〜七〇七）に活躍した
- 持統天皇、文武天皇の時代に宮廷歌人であり、草壁皇子《くさかべのおうじ》や高市皇子《たけちのおうじ》らの殯宮《ひんきゅう》の歌（死に際する悲しみの歌）を詠んだ
- 近江国（滋賀県）、讃岐国（香川県）、筑紫国（福岡県）へ行ったことがある
- 石見国《いわみ》（島根県）で死んだらしい

以上が柿本人麻呂の情報のすべてなのである。古代の日本文化を語る上で、超重要な人物だというのに、情報が少なすぎる。それはなぜか？

実は柿本人麻呂は、日本の正史に登場していないのだ。『万葉集』を代表する歌人なのに、『日本書紀』にも『続日本紀』にもまったく記述が残されていないのである。

さらに、宮廷関係者である限り、歌人といえど官位を持っていたはずなのに、官位が記される記録書にも名前がない。

つまり、古代の記録の中では柿本人麻呂という人物は、〝正式〟には存在していな

いのである。そのため、古くから「人麻呂はいったい誰なのか?」という議論が歴史学者の中で繰り広げられているのである。

◎「人麻呂=猿丸太夫」説の真相

人麻呂は誰なのか。一番有名な説は、哲学者の梅原猛《うめはらたけし》氏による**「人麻呂=猿丸太夫」**説である。

しかし、この猿丸太夫も、また謎の人物なのだ。猿丸太夫も歌人であり、『百人一首』にも「奥山に 紅葉ふみわけ 鳴く鹿の 声聞くときぞ 秋はかなしき」という歌を残している。ただし、この歌は『古今和歌集』では猿丸太夫の作ではなく、「詠み人知らず」と記されているのだから不思議だ。猿丸太夫の歌集も残されているのだが、これも後世に作られたものである可能性が高い。

梅原氏の説によると、**実は人麻呂は政治的な軋轢《あつれき》に遭い、追放されたのではないか**とされている。

『古今和歌集』で人麻呂は**「柿本太夫」**と記されていることと、猿丸太夫作の歌が本人のものと断定することができないこと。以上のことから、周囲の人が権力側に配慮して、**柿本人麻呂を猿丸太夫と別名で呼んだ**のではないか、というのだ。

また、『続日本紀』には「柿本朝臣佐留《あそみさる》」なる人物の死亡記事があり、佐留＝サルと読むことから、「人麻呂」は「猿丸」に変名させられたのではないかという説もある。

当時は、反逆的なことを行なった人物に、侮蔑の意味を込めて**動物や虫の名前に変名させるという罰**があった。実際に、平安初期の貴族和気清麻呂《わけのきよまろ》は、天皇の無茶な意向を阻止したことで別部穢麻呂《わけべのきたなまろ》と改名させられて流罪になったことがある。名前を貶めるなんて、次元の低いひどい話である。

人麻呂は猿丸太夫だったのか、それとも高貴な誰かのペンネームだったのか。現在人麻呂は、『万葉集』の中にだけ生きた人物となってしまっている。

独創性があり、格調高い歌を数多く生んだ人麻呂。その謎が解かれる日がくることを、心から待ちたい。

シーボルトに〝スパイ嫌疑〟あり！

シーボルトと聞くと、〝日本近代医学の父〟だとか〝高名な植物学者〟などというイメージを持つ人が多いだろう。

一方で、**シーボルトはスパイの嫌疑をかけられ、日本国内から追放されたと**いう、あまり知られていない暗い一面も持つ。彼はいったい、何者だったのだろうか。

シーボルトが生まれたのは、一七九六年。生家はドイツ医学界における名門で、貴族だった。何不自由なく育ち、ドイツで医学や植物学を学ぶが、突如、東洋研究を志し、オランダへ。オランダ商館医として、長崎・出島へ派遣されることになる。

当時、日本はオランダ、ポルトガル以外の西欧諸国とは貿易関係がなかった。そのため、ドイツなまりのあるオランダ語を話すシーボルトは、日本人から不審がられたようだ。そのたびにシーボルトは必死でなまりをごまかし、交流をはかろうとしていたらしい。

シーボルトの来日のたてまえは、学術研究だった。しかし、オランダ政府から〝**日本の内情を探れ**〟といった命が下されていたようだ。

たとえばシーボルトは出島の外に「鳴滝塾《なるたき》」を開いて、医師を志す若者らを集める。医学や西洋文明を指南するのが表向きの目的だったらしいが、なんと彼らに日本に関する情報をオランダ語で書き、提出するよう求めていたのだ。

◉禁制品の〝伊能忠敬測量地図〟を入手した目的は？

また、江戸に移ってから積極的に交流をはかったのも、探検家の最上徳内《もがみとくない》や、幕府天文方書物奉行の高橋景保《かげやす》だったのも興味深い。そしてシーボルトは、高橋が管理する伊能忠敬測量の『大日本沿海輿地全図《だいにっぽんえんかいよちぜんず》』と、自分が持つクルーゼンシュテルンの『世界周航図』の交換に成功する。

『大日本沿海輿地全図』は合計二百二十五枚からなる日本全土の実測地図で、あまりの詳細さから幕府は流布を禁じていた。にもかかわらずシーボルトはそれを所望し、見事、手に入れたのである。

この持ち出しは探検家で測量家の、間宮林蔵《まみやりんぞう》の密告で発覚した。シーボルトが間宮に宛てて**「あなたが蝦夷地で採取した押し花や標本が欲しい」**と書いた手紙の内容を、間宮が上司に報告したことがきっかけだ。

結果、シーボルトの自宅は幕府から家宅捜査を受け、案の定、『大日本沿海輿地全図』が発見される。高橋を含む十数人の関係者は処分され、高橋は獄中死を遂げることとなった。

シーボルトは長時間にわたって尋問を受けたが、頑なに口を割らず無罪を主張。さすがは国命を背負ったスパイである。幕府もついに根負けし、シーボルトを国外追放、渡航禁止の刑を下した。

人々は高橋やシーボルトに対し同情的で、間宮を卑怯な密告者として激しく非難した。しかし、冷静に考えると、間宮に非はない。間宮は測量家である。国家の地図が国防の上でどれほど重要か、身にしみて知っていたのだろう。

シーボルトは本当にスパイだったのか？

とにかく、シーボルトが本当にスパイとしての使命で日本地図を手に入れたのだとしたら、この一件は、あまりにも脇が甘すぎる。

黒船ペリーもシーボルトの著書を熟読していた！

文政十二（一八二九）年に国外追放されたシーボルトは、オランダに帰国するときに巧妙に持ち出した『大日本沿海輿地全図』をメルカトル図法に修正した『日本人作成による原図及び天文観測に基づく日本地図』を刊行。

日本の測量の精度の高さを紹介し、ヨーロッパの有識者たちを驚かせた。また、オランダ政府の要望で、全七巻の『日本』と題した日本研究の集大成を発表し、西洋の日本学の礎を築いた。

これらの書物は、確かに国防の観点で、日本にとってマイナスに働いた。幕府に開国を迫った遣日使節のペリーは、これらのシーボルトの書物を読み込み、武力行使をもって日本に開国を迫ろうとしていた。

しかし、シーボルトはペリーに対し、再三にわたり**「日本人は野蛮人ではありません。知識も教養も品性も備えた立派な民族です」**と告げ、平和裏に開国を推し進めるよう求めたという。その結果はご存じの通りだ。

さて、日本への再渡航が禁止されていたシーボルトだが、安政五（一八五八）年、日蘭通商条約が結ばれたあとに再来日を果たし、幕府の顧問となっている。

多才な発明家・平賀源内の〝珍妙すぎる死〟

平賀源内といえば発明家であり、また蘭学者であり、浄瑠璃作者でもあるという、類稀なる才能を持った人物であるが、なかでも有名なのが**エレキテルの復元**である。

エレキテルとはオランダで発明された見世物で、箱の中に蓄電器が入っており、外についているハンドルを回すと内部で摩擦がおき、発生した電気が箱の外に延びた銅線へと伝わって放電する。つまり、**静電気を用いた、小さなカミナリ実験箱**である。

源内は長崎で、壊れたエレキテルを入手したという。まったく仕組みはわからない。それどころか電気が起きる科学的原理も知らなかったにもかかわらず、源内は修理してしまったのである。さらに自力でもエレキテルを作ってしまったのだ。

だが、まだまだ日本では「電気」は見世物でしかなく、電気の化学的理解や実用化

ハンドルを回すと、針金から火花が飛ぶエレキテル

は明治期まで進まなかった。源内自身、エレキテルの電気発生の原理について、いていたというから、仏教や火一元論などで説明していたというから、「勘で直してしまった」という状況だったのではないだろうか。

当時はまだ日本は鎖国していたが、そんなことはお構いなしの源内は、外国製品を手に入れてはいじくり回し、手近な材料であっという間に模倣品を作っては人々に見せてまわっていた。

エレキテル以外にも、石綿でできた火浣布《かかんぷ》（耐火性の布）や万歩計の開発、一説には竹とんぼ（史上初のプロペラ）の発明もしたといわれている。気球や電気の研究も実用化寸前まで行なっていたようだが、その研究は最先端すぎて、周囲の人たちは彼を奇人扱いしていたという。

“お江戸の名コピーライター”として才能発揮！

科学的興味のほかに、源内は文才も持っていた。

現在、夏の土用といえばウナギを食べる習慣があるが、実はこれは源内が仕掛けた広告によるものなのだ。夏場は売り上げが下がると鰻屋に相談された源内は、**「本日土用の丑の日」**というキャッチコピーをつけたという。

これがいつの間にか浸透し、二十一世紀の今でも続いているというのだから、源内のコピーセンスには脱帽する。

ほかにも歯磨き粉「漱石膏《そうせきこう》」のCMソングを作ったり、和菓子屋さんの広告コピーを書いて報酬をもらっていたという。

コピー以外にも浄瑠璃作品をいくつも書き、戯曲も書くという劇作家でもあった。

三十五歳のときには、源内は『風流志道軒伝《ふうりゅうしどうけんでん》』という小説を発表する。これがベストセラーとなり、明治期まで重版された。

その内容は、主人公が巨人の国や小人の国、長脚国にいかさま国などを旅する冒険小説で、江戸版の『ガリバー旅行記』のようなものだったとか。

もしかすると源内は、長崎で蘭学を学んでいた時代に、本家の『ガリバー旅行記』（源内が生まれる二年前に英国で刊行）を知った可能性もある。とはいえ、それを日本風にアレンジしてベストセラーにしてしまったのだから、源内の才能は本当に底が知れない。

これだけに留まらず、日本初の油絵を描いてみたり、鉱山開発で珍石・奇石を発掘したり、綿羊飼育にオリジナルブランドの陶器など、あらゆるものに手を出していたが、どれも成功するまでには至らなかった。

男色家だった源内の〝お相手〟は？

多才すぎる源内だが、実は**本職は本草学者**。いわゆる薬を専門とする薬学者だったのである。幼い頃から本草学はもちろん、儒学、医学、オランダ語、漢学など、あらゆる学問を学んでいた。

実家は高松藩の足軽の家だったが、家督は妹の婿養子に譲って、自由気ままに生活していた。高松藩では「薬坊主格」という役職についていたのだが、江戸に行きたいがために辞職してしまう。これにより「仕《し》官御構《かんおかまい》」という処罰を受け、ほかの藩に仕えることができなくなってしまったのである。

この一風変わった男は、江戸の蘭学者の間では広く知られていたという。源内は『解体新書』を翻訳した、杉田《すぎた》玄白《げんぱく》や中川淳庵《なかがわじゅんあん》らとも親交を深めていた。

源内の恋のお相手・女形の
二代目瀬川菊之丞

また源内は男色家だったため、その才能を後世に残していないのだが、歌舞伎役者に傾倒し、かなり贔屓《ひいき》にしていたという。なかでも**女形の二代目瀬川菊之丞**との仲は有名だったという。

源内のやることなすことすべて常識から外れたものであり、それがおもしろいという者もいたが、変人だと軽蔑する者も多かった。せめて明治以降に生まれていれば、科学者として大成功を収めただろう。百年ほど、生まれるのが早すぎたのだ。

晩年は謎に包まれており、勘違いから人を殺し、投獄されたのちに獄死したとか、逃げ延びて天寿を全うしたともいわれている。

遺体のないままの葬儀となったのだが、友人だった杉田玄白は源内の死に際して、「嗟非常人、好非常事、行是非常、何死非常（貴方は常識とは違う人で、常識とは違うものを好み、常識とは違うことをした、しかし、**死ぬときくらいは畳の上で普通に死んでほしかった**）」と、回想している。

江戸時代のマッドサイエンティストは、その最期も珍妙なるものであったのだ。

なぜ写楽は〝十カ月限定〟の浮世絵師だったのか⁉

天下泰平の江戸時代。日本独得のさまざまな文化が成立していく。とりわけ当時の風俗を描いた浮世絵は、一大ブームとなった。そのなかでも、歌舞伎などの役者を描いた錦絵は、売れに売れた。役者のファンたちが、今でいうブロマイドのように、こぞって買い集めたという。

そのように大ブームとなっていた浮世絵の絵師の中でも、東洲斎写楽《とうしゅうさいしゃらく》は、極めて異質だった。

今でこそ写楽の評価は世界中で認められており、世界三大肖像画家の一人といわれているが、その当時には、写楽の浮世絵はあまり売れなかったという。それはなぜかというと、写楽が役者の真の姿を描きすぎたから、といわれている。

写楽が描いた、「女装」にしか見えない「女形」

役者のブロマイドとして浮世絵を買うファン心理としては、少々美化されていたほうがよく、カッコよくまたは美しくポーズを決めたものが嬉しいはずだろう。

写楽の絵は、ポーズもばっちり決まっているし、人を引き込むような目力で観るものを魅了する。

しかし、役者のよいところも悪いところもリアルに、時に誇張して描いたため、ファンの購買意欲をつかむことはできなかったのだ。

確かに写楽が描いた女形の絵を見てみると、とても美しいとはいいがたい。むしろ、男が女を演じているのがバレバレといった感がある。

そのため当の役者たちからも不評で、**「顔のすまひのくせをよく書いたれど、その艶色を破るにいたりて役者にいまれける」**といわれてしまったのだ。

◎北斎説、歌麿説もある〝謎多き素顔〟

さてこの写楽。本名、出自、没年などなど、まったくわかっていない。ある日突然浮世絵界に現われて、わずか十カ月で忽然と姿を消したのである。

そのため、**写楽はほかの浮世絵師のもう一つのペンネームではないか**とされ、その正体は葛飾北斎《かつしかほくさい》や喜多川歌麿《きたがわうたまろ》だという説などが議論されてきた。

だが現在では、阿波《あわ》蜂須賀《はちすか》藩（現・徳島県）の**能役者であった斎藤十郎兵衛《さいとうじゅうろべえ》**だとする説で落ち着いている。当時の浮世絵師の人名事典『浮世絵類考』の増補版に、「写楽斎　俗称斎藤十郎兵衛、八丁堀に住す。阿州候の能役者也。」と書かれているためだ。

また、『浮世絵類考』以外の文献でも、十郎兵衛も写楽と同じ八丁堀地蔵橋に住まいを持っていたことが確認されている。八丁堀には、当時阿波蜂須賀藩の江戸屋敷があり、屋敷の中にはお抱え能役者が多く住んでいたという。写楽が描いていた画題の芝居小屋や、浮世絵の版元、蔦屋重三郎《つたやじゅうざぶろう》の店も八丁堀近くにあった。

また**「東洲斎」は「さい・とう・しゅう（じゅう）」を並びかえた文字遊び**だったのではないか、と考えられている。

実際に、能役者の公式名簿や伝記の中に、十郎兵衛の名はある。斎藤家は代々能楽師をしていたが、どちらかというと脇役を演じる家だったらしい。

◎写楽は何に対して「しゃらくさい」とぼやいていたか

写楽の制作期間はたった十カ月あまりだったが、その作品総数は百五十点にものぼる。とはいえ能楽師をしながら、これほど大量の絵を描くことがなぜできたのか？

実はお抱え能楽師には、半年もしくは一年交代で非番が回ってきたのだ。これであれば、非番の年に集中して描くことはできる。だが能役者が歌舞伎絵を描くというのは、どこか不自然な気もする。

なぜなら当時の歌舞伎は庶民のための大衆劇で、その役者は「かわらもの」と呼ばれ、時に差別対象にされることもあった。

一方で能は江戸時代になると伝統芸能となり、武士たちが雅の文化として愛好するようになった。そのようなセレブ相手の芸能の役者であった十郎兵衛が歌舞伎を描いたのは、裕福とはいえない生活の中での、小遣い稼ぎのつもりだったのだろうか。

十郎兵衛が歌舞伎に対して、どんな思いをもって見ていたのかはわからない。だが彼は、〝同じ役者〟ゆえに、歌舞伎役者が芝居で隠したはずの、本当の顔さえも描き出してしまったのである。

さて、「写楽」が「しゃらくさい」という言葉から取られたというのは有名な話。しゃらくさいとは、「小生意気な」「分《ぶん》をこえてしゃれたまねをする」という意味である。

はたして彼は歌舞伎に対して「しゃらくさい」と思っていたのか、能楽師ながら絵師としてデビューしたことに「しゃらくさい」という意味を込めたのだろうか。

「俳諧師」の肩書を〝隠れ蓑〟に芭蕉は何をしていた？

「古池や　蛙《かわず》飛び込む　水の音」「夏草や　兵《つわもの》どもが　夢の跡」「五月雨を　あつめて早し　最上川」など、日本人の誰もが諳《そら》んじられる名句を残した、俳人・松尾芭蕉《ばしょう》。元禄時代に活躍した芭蕉は、紀行文集『おくのほそ道』を刊行したことで知られている。芭蕉が四十五歳のときの、今でいう旅行ルポだ。

この旅は元禄二（一六八九）年五月に江戸を出発し、約百五十日間かけて東北・北陸を回ってきている。距離にして約二千四百キロ。当時は車もなければ電車もない、旅行といえば基本的に徒歩である。道も整備されていないし、山も越えねばならない。雨が降れば道はぬかるみ、一気に悪路になったであろう。

しかも、芭蕉は当時四十五歳。今ならアラフィフと呼ばれ、まだまだ若いといえるが、平均寿命が五十歳だった江戸時代では「おじいちゃん」に近い年齢だ。

単純計算で一日四里（約十六キロ）、なかには一日に十二里（約四十八キロ）歩いたという記述もあるという、ハードすぎるこの旅行。常人がなせる旅ではない。いったい松尾芭蕉という人物は何者なのか？

実は……、彼は忍者だったという説があるのだ。

◎出身地は誰もが知る、あの〝忍者の里〟！

芭蕉が生まれたのは伊賀《いが》国（現在の三重県伊賀市）。伊賀といえば、いわずと知れた忍者の里として有名である。父の代から松尾姓を名乗るようになったようだが、父方は柘植《つげ》氏、母方は桃地《ももち》（百地）氏という、どちらも**伊賀忍者の一族**であったのだ。親の職業を子が継ぐのは当たり前の時代。芭蕉も子供の頃から、忍者としての修業を積んだことは間違いないだろう。

その後、芭蕉は伊賀国の侍大将・藤堂七郎良清の三男、良忠に仕えることになる。藤堂家は**伊賀忍者の総帥である服部半蔵《はっとりはんぞう》の血脈につながる家系**だ。ここで良忠と共に俳句を学び、俳諧の道に入ったと伝えられている。

若い頃の芭蕉については、あまり記録が残されていない。二十三歳のときに良忠が死去すると突如脱藩し、京へと上る。その六年後には江戸へと住まいを移し、周知のように俳諧師となった。

しかし、そもそも芭蕉はなぜ俳諧師となったのだろうか？　脱藩し、武士の身分を捨ててまで俳句の道を目指す必要があったのだろうか？　俳諧師で食べていくのが難しいことは、当時誰もが知っていたことである。

現在でこそ俳句は文学の一つとして高く評価されているが、当時は金持ちの戯言のごとき遊芸の一つでしかなかった。現に芭蕉も、**神田上水の水道工事などのアルバイトをしながらの俳諧師生活**をおくっている。

つまるところ、俳諧師という職業は、**忍者であることの隠れ蓑**だったのではないだろうか。俳諧師という立場を利用してこそ、江戸の有力者に俳句を教えるという名目で近づいたり、怪しまれずに極秘の旅に出かけることもできたであろう。

俳諧師は、諜報活動にはもってこいの職業だったのだ。

◎"公儀隠密"として歩いた「おくのほそ道」

さらに、謎はそれだけではない。貧乏だったに違いない俳諧師生活の最中、五カ月にも及ぶ『おくのほそ道』の東北・北陸旅行へ出かけている。このときの旅費は誰が出したというのだろうか。

しかも東北は芭蕉にとって、知人もいない未踏の地。そこにどのような目的があったのか。芭蕉が忍者であったとするならば、どうしても**「公儀隠密」**として東北へ行ったとしか考えられない。

芭蕉が『おくのほそ道』の旅に出る前年、徳川幕府は伊達藩に日光東照宮の大改築工事を命じていたという。だが伊達（仙台）藩は財政難を理由に、工事の延期を申し出ていた。幕府はこれに業を煮やしていたのだ。

この伊達藩の領地は、現在の宮城県と岩手県の南部、福島県の一部である。芭蕉が旅した『おくのほそ道』の道のりは、まるで伊達藩の領地をぐるりと見て回ってきたかのようなのである。

つまり芭蕉は、幕府に仕える公儀隠密の忍者であり、**幕府の資金で伊達藩の情報を集めにいった**、と考えるとすんなりいくのである。忍者であるならば、まるでマラソン旅行のようなハードな行程もうなずける。

古来、忍者は**「細人《しぬび》」**と呼ばれていたという。狭く細いところへ入っていける人という意味である。芭蕉が書いた大紀行集『おくのほそ道』というタイトルには、**「おくの細道へ入っていける人＝忍者」**という意味が込められているように思えてはこないだろうか。

俳諧のトップに上りつめた芭蕉は、やはりただ者ではなかったようだ。

これでは赤穂浪士も浮かばれない⁉「忠臣蔵」の真相に迫る！

日本人が大好きな時代劇の一つである『忠臣蔵』。『忠臣蔵』の題材となった「赤穂《あこう》事件」は、当時の江戸の人々にとっても衝撃的な事件であったようだ。なにしろ討ち入りの四年後には、近松門左衛門《ちかまつもんざえもん》が人形浄瑠璃として「赤穂事件」を取り上げ、大人気となったというのだ。

その後作られた『仮名手本忠臣蔵《かなでほんちゅうしんぐら》』という作品が歌舞伎で上演されるや大ヒット。現在でも、歌舞伎の十八番として人気のある作品だ。ちなみにタイトルにつけられた「仮名手本」とは、いろは四十七文字と赤穂浪士四十七士をかけたものだとか。粋の文化はこんなところにも光っている。

忠臣蔵のストーリーはこうである。元禄十四（一七〇一）年、江戸中期、江戸城内の松の廊下で赤穂藩主・浅野《あさの》内匠頭《たくみのかみ》が旗本の吉良《きら》上野介《こうずけのすけ》に刃傷沙汰《にんじょうざた》を行なう。原因は吉良によるいじめ。殿中での抜刀は禁止されており、浅野内匠頭は即日切腹させられてしまう。

しかし、「喧嘩両成敗」の掟があるにもかかわらず、吉良にはいっさいのお咎《とが》めなし。一方の浅野家は幕府から赤穂城を没収され、事実上家臣たちは解散させられる。

そこで大石内蔵助《おおいしくらのすけ》率いる浅野家の家臣たちは、吉良への仇討ちを誓い、一年九カ月の歳月をかけて、見事、吉良を討ち取った。そして討ち入りを果たした四十七人の志士たちは名誉ある切腹をして、事件の幕は閉じる。

〝吉良のいじめ〟はそんなに陰険だったのか？

しかし、そもそもこの事件はなぜ起きたのか。吉良によるいじめがいくらひどかったとはいえ、この日は五代将軍・徳川綱吉《つなよし》の生母、桂昌院《けいしょういん》が朝廷から従一位を授けられる日で、城内は御祝いムード一色。そんな日に刃傷沙汰などご法度《はっと》であるのは、明らかだったはず。浅野内匠頭を暴走させた、本当の原因は何だったのだろうか？

芝居の中では、いじめの原因は浅野家から吉良家への「賄賂《わいろ》が少なかった」ことを、吉良がねちねちと責め立てたということになっている。

だが当時、賄賂は謝礼のような当たり前のものといった感があり、勅使《ちょくし》接待役の内匠頭が指南役の吉良へ付け届けを十分にしなかったというのは、まず考えられない。

そもそも吉良家は家格の高い旗本とはいえ、石高は四千二百石程度であったという。

一方、赤穂藩の浅野家は五万石。賄賂をケチる理由がない。

そのため、この「賄賂が少なかった」説は物語のための脚色だったとされている。

また、いじめの原因は製塩技術をめぐる不仲によるもの、という説もある。三河の吉良家の領地には多くの塩田があるのだが、**浅野家の領地の赤穂のほうが、良質な塩が多く取れることで嫉妬していた**という。

そこで、赤穂の製塩技術を教えてほしいと吉良がお願いしたところ、内匠頭がすげなく断ったために恨んでいたともいわれている。

◎内匠頭の持病「痞《つか》え」がすべての原因だった!?

だが、現在もっとも有力だといわれているのが、内匠頭の持病説なのだ。

記録によると、**内匠頭は「痞《つか》え」という今でいうストレス性の胃痛持ち**であった。痞えとは、胸の〝つかえ〟の意だが、内匠頭の〝痞え〟は、そんな生やさしいものではなく、**発作が生じると、顔面が蒼白になり、こめかみに青筋が立ち、片方の顔面が痙攣し、とくに天気の悪い日に発症傾向が強かった**という。

江戸城での慣れない接待役は三日にわたって行なわれ、常に緊張状態であっただろう。そもそも内匠頭には、増上寺で刃傷沙汰を起こした母方の伯父がおり、母方の血のせいか、生まれつき非常にキレやすい性格だったという。

そんな激しやすい性格とはいえ一国一城の主、普段ならガマンもできたことだろう。だが緊張の連続で胃が痛いところへ、吉良によるいじめが加わり、一気に爆発してしまった、というのである。

にもかかわらず、完全なる悪者にされてしまった吉良にとっては、まったく迷惑千万な話である。指南役として内匠頭を指導する立場で、何か粗相があったら吉良の責任となってしまうのは明白だ。指導という名のいじめが度を超えたのかもしれないが、これほど大事になるとは思っていなかったのかもしれない。

有名なセリフ「この間の遺恨覚えたか！」の真意は？

殿中での事件の際、内匠頭は**「この間の遺恨覚えたか！（思い知ったか）」**と叫んだというのは有名な話だ。このセリフは梶川与惣兵衛《かじかわよそべえ》の日記によって証明されている。梶川は事件のとき、内匠頭を後ろから取り押さえた、現場をつぶさに見た証人だ。

しかし、梶川の日記は現在写本しか残されておらず、何度も加筆されたという説がある。赤穂事件を美談にするための後世の工作ではないかといわれており、信憑性は低い。

一人の城主が起こした事件は、多くの家臣を巻き込む大事となってしまった。後世の人々は、赤穂浪士たちの死をも厭わない忠義の心に感動し、「これぞ日本人の義の心」と賞賛する物語にまでなった。

だが事の始まりが、内匠頭の持病によるものだと、家臣たちが知っていたら……。庶民に親しまれてきたこの物語は、成立しなかったかもしれない。

5章

「見えない力」が歴史を操っていた!?

――宗教、魔術、超能力……「大胆な異説」の数々!

〝天孫降臨〟以来伝わる「三種の神器」の真実の姿とは？

古来より日本の天皇家に伝わるとされる「三種の神器」。「神から受け継がれた」という、現実的にはあり得ないと思われるこのお宝には、謎と神秘が詰まっている。

神話の時代――。『古事記』によると、イザナギとイザナミの性交によって、日本の島々が産み出され、地上は大国主命《おおくにぬしのみこと》などの国津神《くにつかみ》（地に現われた神々）によって治められていた。

だがその国造りは、神意とは違う形での統治だったため、天上界から天照大神《あまてらすおおみかみ》の孫であるニニギが地上界の高天原《たかまがはら》に降り立ち、新たな統治が始まった。これが、有名な**「天孫降臨」**である。

◎「天の岩戸」「ヤマタノオロチ伝説」——神話に由来する超秘宝

天孫降臨の際、ニニギは天照大神から三つの宝を授けられた。**八咫鏡**《やたのかがみ》、**八尺瓊勾玉**《やさかにのまがたま》、**天叢雲剣**《あめのむらくものつるぎ》である。

八咫鏡は、天照大神の「岩戸隠れ」のときに使われた鏡だ。

岩戸に隠れた天照大神が、自分が隠れて世界が闇に包まれたにもかかわらず、ほかの神々たちが外で賑やかに楽しんでいるのを怪しんで、様子を見ようと少しだけ岩戸を開けた。

その隙に、神々たちは、「貴方様よりも尊い神がこちらに現われたので、喜んでいるのですよ」と言って、八咫鏡を差し出した。

すると、鏡に映るきらきらと美しく光り輝く自分自身の姿を、その「尊い神」だと思った天照大神が、もっと近くで見ようと身を乗り出した。そこで、岩戸の外へ引っぱり出すことに成功したという。八咫鏡はいわば、世界を闇から救った鏡なのだ。

八尺瓊勾玉は大きな勾玉で、これも岩戸隠れの際に使われたものである。

天叢雲剣は草薙剣《くさなぎのつるぎ》ともいわれ、天照大神の弟であるスサノオノミコトがヤマタノオロチを倒した際、尾から出てきたといわれる剣だ。

天照大神から三種の神器を受け取ったニニギのひ孫に当たるのが、**天皇家の祖である神武天皇**だ。ニニギから代々、この神宝は受け継がれてきているといわれている。

ニニギが降臨した時期は、『日本書紀』によると神武天皇即位より百七十九万二千四百七十余年前だという。神武天皇の即位が紀元前六六〇年なので、百七十九万五千年前から日本に伝わるお宝なのである！

現在、八咫鏡は伊勢神宮に、八尺瓊勾玉は宮中に、天叢雲剣は熱田《あつた》神宮に保管されているという。そう、この三種の神器は実在し、歴代の天皇家が継承しているのだ。

◈昭和天皇が終戦を決意した「最大の理由」

実は第二次世界大戦終戦の直後、昭和天皇が当時の皇太子であった明仁《あきひと》親王（今上天皇）へ宛てた手紙の中で、三種の神器について書いていることがわかったのだ。

その手紙は、戦争に負けた日本は、あらためて世界情勢を学ばねばならないといった内容なのだが、そこにこんな一文がある。

「戦争をつづければ、三種の神器を守ることも出来ず　国民をもころさなければならなくなったので　涙をのんで　国民の種をのこすべくつとめたのである」

なかなか衝撃的な一文である。三種の神器が天皇家、そして日本にとってどれほど大きな意味を持っているのかが改めてわかる。

◎「八尺瓊勾玉」の封印を解こうとした冷泉天皇が見たものは!?

神から賜わった三種の神器は、凄まじい力を秘めているといわれている。とくに八尺瓊勾玉はその存在自体が謎に包まれており、実体がまったく不明なのである。

赤色のメノウでできており、八尺（約二・四メートル）はないだろうが、相当大きな勾玉なのではないかといわれている。

昭和天皇の大喪《たいそう》の礼のときに、八尺瓊勾玉が入った箱を持った従者の証言によると、**「子どもの頭くらいの丸いものが入っていると感じた」**らしい。

八咫鏡を祀っているとされる伊勢神宮の入口

だが、これまで封印された八尺瓊勾玉の姿を見た者は、一人としていない。十世紀半ばに冷泉天皇が箱を開けてみようと封印の紐を解いたところ、その瞬間に白雲のようなものが立ち昇り、畏れてすぐさま元に戻したという逸話が残っている。

八咫鏡も天叢雲剣も、八尺瓊勾玉同様に**何人たりとも見ることは許されていない。**一説には平氏が持ち出して、壇の浦に沈んだといわれているが、それも回収されて現存するというのである。

歴史を振り返ると、多くの権力者が三種

の神器を我が物にせんと策略を繰り返してきた。

しかし、いくたび強奪の危機にあっても、三種の神器は最後には天皇家の元に戻ってきている。**三種の神器を持つ者が、日本を統べるパワーを持っている**とでもいうかのように。

天皇家では今でも皇位継承の際には、三種の神器を伝える儀式がある。だが、その存在はひた隠しにされ、守られているのだ。

その「真実の姿」は、誰にも知る術はないのである。

仏敵"第六天の魔王"は本当に織田信長に乗り移っていた⁉

織田信長が「第六天の魔王」なる肩書きを名乗っていたことを、ご存じだろうか？

仏教の教えでは、人間界の上には、六層に分かれた神の世界が存在しており、「第六天」はそのうちの欲界の最上層にあるとされている。この天に生まれたものは、欲界の下の天に生まれたものが作り出した快楽を受けて、自由自在に自己の快楽とするという。

「第六天の魔王」とは、それらの第六天に生まれた天神や天人たちのトップに立つ存在である。そして「天魔」と呼ばれる直属の魔物を率いて、仏道を妨げるという。**万物の創造と破壊のいっさいを握る究極の魔王**、それが第六天の魔王なのである。

信長は、この「第六天の魔王」を自ら名乗り、時には署名までしていたという。信長が仏教を嫌っていたことはよく知られているが、それにしても自ら「魔王」を名乗る人物はそうざらにはいない。

いったい彼はなぜ、こんな穏やかならざる〝魔王〟を自称したのだろうか？

〝恐怖政治の宣伝〟にひと役買わせた？

周知のごとく、信長はあらゆる点で時代の枠から外れていた。群雄割拠の戦国の世において、彼と似た人物は一人もいなかった。当時のいかなる知識人よりも合理的かつ近代的な知性の持ち主であり、為政者としても、その政策は多くの面で画期的だった。

しかし彼はまた、**狂気**の面でも他の人々を圧していたのである。信長が日本史上、稀に見る大量殺戮者であったことは間違いないのだ。

信長が「第六天の魔王」を自称した理由に、自らの苛酷な所業を魔王になぞらえて、自身の**恐怖政治の宣伝**にひと役買わせたという説がある。

彼は必要と思えば、眉一つ動かさず何千人でも何万人でも殺すことができた。比叡山延暦寺の焼き討ちでは、逃げまどう三千人もの僧侶の首をはね、伊勢や越前の一向一揆鎮圧の際は、抵抗した者はもちろん、降伏してきた者まで虐殺した。その数は四万～五万人に及んだという。むろん、相手が女だろうと子供だろうと容赦しなかった。これはまさしく魔王の所業といえる。

とはいえ、この場合の解釈はあくまで比喩的なものである。

そうではなく、**実際の「第六天の魔王」が織田信長の人生の「どこかの時点」で彼と接触したのではないか**、という説がある。筆者もある意味、納得できた説である。

というのは、その「どこかの時点」を境に、織田信長という戦国武将の運命が大きく変わっているからだ。この時点……転換点がなければ、信長に「天下取り」への道はなかったのだ。

大博打〝桶狭間の戦い〟勝利の「本当の要因」

転換点。それは永禄三（一五六〇）年五月十九日の「**桶狭間《おけはざま》の戦い**」である。

この戦い以前、彼は単なる地方の小大名にすぎなかった。それに対し、相手の今川《いまがわ》義元《よしもと》は軍事大国の主であった。

その義元が天下取りを目指して上洛する途中、尾張・桶狭間（現・愛知県豊明市）において奇襲をかけた信長は、見事に義元を敗死させたのである。

当時の国力は今川方の九十二万石に対し、織田方は二十万石強。同じく兵力は今川二万〜三万人、織田四千〜六千人。比較の対象にもならないほどの差があった。数字だけで見れば、虎に挑む小犬のようなものである。

その虎に豪雨の中、奇襲で挑んだ小犬は見事に勝利を収め、敵大将の首まで獲った。いや「見事に」というより「奇跡的に」といったほうが適切だろう。

そして、この戦いにおける勝利が転換点となり、以降、信長は「天下布武《ふぶ》」の道を突き進むことになったのだ。

しかし、ここが肝心なのだが、こうした無謀ともいえる戦いぶりは、信長本来のものではない。それが証拠に、**信長は桶狭間以降、このような大博打ともいえる戦いは一度も行なっていない**のだ。

◎空海、日蓮に封じ込められていた〝魔王〟の復活!?

当時二十七歳の若者だった織田信長。このときの「何かに憑《つ》かれたような」戦いぶり、また**「目に見えない意志の力」が働いていた**としか思えない運のよさ。

もしかすると、このとき、彼に第六天の魔王が憑依したのではないかと考えられるのだ。

では、魔王は何のために信長に取り憑いたのか?

実は仏敵であった魔王は、古代から中世にかけて聖徳太子、空海や日蓮などの仏教に帰依した超能力者たちによってその活動を封じ込められ、厳しい呪詛に見舞われていた。そこに登場したのが織田信長であった。

彼は多くの歴史家が口を揃えていうように、日本の歴史に強引に「近世」を引き寄せた男であり、既成の仏教を徹底的に破壊し、迷信その他を排除した。

魔王はそんな信長を利用して、自らの復活を図ったのではないだろうか。そして、個人の自我や欲望の礼讃を解放し、それまでの仏教による禁欲的な生き方を否定し、力ずくで人間を古い呪縛から解き放とうとしたのである。

だが、第六天の魔王の復活は、あまりに早すぎる信長の死によって道半ばにして失敗した。魔王が目指した、人々を古い呪縛から解放するという試みは頓挫してしまったのだ。

筆者は**本能寺の変を引き起こした明智光秀の背後に、それまで第六天の魔王を封じ込めていた〝仏の勢力＝闇の勢力〟が潜んでいたのではないか、**と思っている。

「川中島の戦い」は信玄と謙信による〝呪法合戦〟だった⁉

江戸初期に出版された『甲陽軍鑑《こうようぐんかん》』という軍学書には、戦国大名、武田氏の戦略や戦術をはじめ、合戦に「魔法」の力が関与していたという意味合いの記述が出てくる。

つまり、勝敗には、兵や武器だけでなく、加持祈禱や占星術など、〝目に見えない力〟が使われていたという。

その超常的な〝力〟と、それを実践し応用する〝術〟とが一体となったとき、はじめて相手を呪い倒し、勝利をつかむことができるというのだ。

戦国時代の名だたる武将たちは、この「魔法＝呪術」を巧みに駆使していた。

その中でも、**宿命のライバルといわれた武田信玄と上杉謙信**は、互いを怨敵として呪殺すべく、**「呪術」に傾倒した武将**だったのである。

◎戦国史上最大の死闘！　そのとき軍師・山本勘助は――

甲斐国から北進して信濃国の制圧を図る武田信玄と、越後を守るためこれを迎え討つ上杉謙信が激突。その主たる戦場となったのが、「川中島」である。

世にいわれる信玄と謙信の**「川中島の戦い」**は、天文《てんぶん》二十二（一五五三）年から永禄七（一五六四）年の十一年間にわたり、五度行なわれた。

そして、**戦国史上最大の死闘**といわれた上杉・武田両軍の激突。それは、四度目になる永禄四（一五六一）年秋の川中島合戦だといわれている。

同年九月十日、妻女山《さいじょさん》に陣取った上杉謙信と海津城《かいづじょう》の武田信玄が対峙。膠着状態となった。そこで信玄は、軍師山本勘助《かんすけ》が考案したという、**二万の兵力を二分して背後を突く「キツツキの作戦」**を実行した。

ところがこのとき、海津城内から立ちあがる狼煙《のろし》を見て、〝夜襲〟を直感した謙信が軍勢を率いてひそかに下山。

八幡原《はちまんばら》で待ち構える信玄本隊に襲いかかり、謙信が武田の本陣に突っ込み、信玄と一騎打ちになったが、側近によって謙信が追い払われてしまった。この戦いで、武田側の精鋭である武田信繁《たけだのぶしげ》、諸角虎定《もろずみとらさだ》、山本勘助が戦死している。

この激戦も、結局のところ双方五分五分で決着がつかなかった。

◎〝宿命のライバル〟を呪い殺すべく〝調伏祈禱〟を依頼！

それから二年後。謙信は、打倒信玄を期し、ついに呪法に頼ろうと考えた。

謙信は、領国の飯塚八幡宮別当寺である極楽寺（新潟県狩羽郡）の一如阿闍梨《いちによあじやり》に、**「五壇法」**による**〝調伏《ちようぶく》〟**を依頼したのだ。その調伏の相手は、信玄と、彼に加担して謙信に敵対していた北条氏康《ほうじようううじやす》だった。

ところが同時期、信玄もまた、呪法で謙信を呪殺しようとしていた。謙信を呪い殺すべく、**比叡山延暦寺の正覚院に〝調伏祈禱〟を依頼**していたのである。

ちなみに、「五壇法」とは、仏教の中でもとくに密教で行なわれる呪法の一つで、大日如来の化身である五大尊明王（不動明王、降三世《ごうざんぜ》明王、大威徳《だいいとく》明王、軍荼利《ぐんだり》明王、金剛夜叉《こんごうやしゃ》明王）を守護として、敵を呪殺するのである。**この呪法で呪われた相手は、血を吐いて死ぬ**といわれている。

信玄と謙信の、この呪法と呪術を駆使した〝調伏合戦〟もまた、なぜか決着がつかなかった。**双方の呪いのパワーが拮抗していた**、ということだったのか。

その後の永禄七（一五六四）年八月、五度目の川中島の合戦が行なわれたが、それに先立ち謙信は五月、ふたたび五壇法を命じ、六月に春日山城内の看経所と弥彦神社に「武田晴信悪行の事」（「晴信」は信玄のいみなである）と題する願文を納め、神仏に信玄懲罰を祈禱したが、功を奏さなかった。

その後、信玄も謙信も、阿闍梨の地位を獲得、自ら護摩壇に座して、調伏の護摩を焚き、互いに呪法を実践したという。

〝守護神の霊験〟まで拮抗していた!

ちなみに、信玄は元亀四（一五七三）年に病死している。長年胃がんを患っていたという。一方、謙信はその五年後の天正六（一五七八）年に逝去している。

そして、信玄が常に身の守りとして携帯していた二体の「守り本尊」が、山梨県甲府市にある円光院《えんこういん》に今も残っている。一体は「刀八毘沙門《とうはつびしやもん》」。もう一体が「勝軍地蔵（将軍地蔵）」と呼ばれている。

高さ三十センチ弱の、この守護神を携帯して〝勝利を祈願〟し、信玄は合戦に臨んだのだという。この二体は、いわば信玄が崇めた軍神だったのだ。

この守り本尊について、さらに驚くべき符合がある。

謙信もまた、「刀八毘沙門」を祀り、合戦に際して五壇護摩を焚き、戦勝祈禱を行なっていたのだ。その尊像は、山形県米沢市の千勝院《せんしようい》に秘蔵されている。

つごう五度にわたった川中島の合戦は、ついに勝敗がつくことはなかったが、それは実は、双方の**〝守護神の霊験〟**において、甲乙つけがたい結果だったからなのかもしれない。

「徳川三百年の繁栄」の陰に〝風水的魔術〟あり!

江戸が江戸城を中心に、風水にもとづいて作られたことは有名だ。

江戸城の鬼門に当たる北東には上野の寛永寺が置かれ、裏鬼門には目黒不動。江戸城のはるか北には、徳川家康を祀る日光東照宮が置かれている。

だが実は**江戸は、もともとは「風水に適さない土地」**だったという。

戦国時代、都といえば当然、京であったわけで、関東などは田舎扱いされていた。その関東の中でも中心地として栄えていたのは千葉から茨城のあたりで、江戸は川が多くて人が住みにくい土地。特に、現在下町と呼ばれている辺りは、荒川、隅田川、江戸川など大きな川が流れており、どれも氾濫しやすい暴れ川だったのだ。さらに近接する利根川もあり、川だらけの地盤の弱い土地だった。

なぜ中国兵法に通じた太田道灌は江戸に築城したか

そんな扱いにくい場所に江戸城を建てたのは、**太田道灌《どうかん》**という戦国武将だった。道灌は上杉家の家臣だったが、中国の兵法や易学などを学んだ軍師であった。

彼は東北から関東へと自らの勢力を伸ばす際に、利根川下流域に城を築く必要性を見出し、秩父江戸氏の領土に江戸城を築くことを決めたのだ。江戸氏の領土を選んだ理由は、**周辺地域で風水的に一番マシな場所**だったからのようである。

その後、徳川家康が江戸城に入城することになる。

そこでまず行なわれたのは、治水だ。約三十年かけて、利根川を東の鹿島灘へと流す治水工事を行なった。

続いて旧江戸川の治水を行ない、現在の荒川としたのである。ほかの川も同様に、流れを変えたり埋め立てたりして、穏やかな姿へと変貌させていった。

◎怪僧・天海和尚が江戸に張った〝最強の結界〟

また、江戸の町を住みやすくすると同時に、家康にとっての最重要課題は、徳川の世を確固たるものにすることであった。

そこで、秘密裏に行なわれたのが、**天海《てんかい》和尚による「風水的魔術」**だった。

天海和尚は天台宗の高僧で、武田信玄や豊臣秀吉にも仕えた僧侶だ。出自に謎が多く、一説には百三十五歳まで生きたという噂もある、文字通り怪僧である。政治の表舞台には出てこなかったが、並みいる戦国武将と三代徳川家に仕えたということから、その存在と影響力は並々ならぬものだったのだろう。

天海は徳川の繁栄のために、江戸に風水的な結界を作って守ることにした。江戸城を中心に、北に麴町台地、東に平川、南に江戸湾、西に東海道・甲州街道を位置したのである。

これは風水の**「四神相応《しじんそうおう》」**という考え方で、東には川があり、南には大きな池、西に大道があり、北には山があるという地形を意味する。**東に青龍（川）、南に朱雀《すざく》（池）、西に白虎《びゃっこ》（大道）、北に玄武（山）**と、方角ごとにそれぞれを守る神獣を配することで、妖魔や凶事が入ってくることを防げるだけでなく、家運も栄え、物事が機能的にうまくいくという地形になるのだ。

◎「五色不動尊」という“完璧な霊的武装”

天海和尚はさらに、霊的な武装を施している。江戸城の表鬼門（北東）には神田明神を置き、さらにその延長線上に上野の寛永寺を置いて鬼門封じを強化させ、裏鬼門（南西）には日枝《ひえ》神社を置き、さらに防備を高めたのである。つまり、江戸全体を風水の魔術で取り囲んでいるのだ。

さらに江戸城周辺の強化には、目黒不動（目黒区瀧泉寺《りゅうせんじ》）、目赤不動（文京区南谷《なんこく》寺《じ》）、目白不動（豊島区金乗院《こんじょういん》）、目青不動（世田谷区教学院最勝寺《きょうがくいんさいしょうじ》）、目黄不動（台東区永久寺《えいきゅうじ》）の「江戸五色不動尊《えどごしきふどうそん》」が配置されている。

これは陰陽五行説による風水の考え方で、それぞれの色が水、火、金、木、土の五行を表わし、それぞれが結びつくことで合理的に循環していくことを意味する。江戸城と江戸の町は、五つの不動尊と不動明王により守られているということだ。

結果として、徳川は三百年近く政権を守り続けた。乱世に明け暮れた戦国の世から、打って変わった平和な日々が訪れたのである。

これはやはり、**太田道灌による土地選定の妙**と、**天海和尚による風水魔術**のおかげといっていいのではないだろうか。

6章

本当にあった!? 珍説&トンデモ歴史話

——〝日本最古の都市伝説〟から宇宙人襲来まで!

秦一族来日の〝真の目的〟はキリスト教布教だった!?

古代の日本には、朝鮮半島から多くの渡来人がやってきた。彼らは、それまでの日本にはなかった技術を持っていたこともあり、豪族や権力者が大いに活用していた。百済《くだら》や新羅《しらぎ》からやってきた朝鮮人の中で、もっとも著名な人物といえば、**聖徳太子に仕えた秦河勝《はたのかわかつ》**である。

河勝は秦一族のリーダー的存在であり、秦《しん》の始皇帝の末裔という説もあるが、真相は定かではない。聖徳太子のブレーンとなった彼は、京都の太秦《うずまさ》に蜂岡寺（現在の広隆寺）を建設する。この寺は、国宝である弥勒菩薩半跏思惟像《みろくぼさつはんかしいぞう》を蔵することで有名な寺だ。一説に河勝は、平安京の造成や伊勢神宮の創建にも関わった人物だといわれている。

河勝の功績でわかるように、彼らは天皇家と密接に結びついていたのである。

◎なぜ〝大和朝廷の裏方〟に徹していたのか？

秦一族は三世紀頃、応神《おうじん》天皇の時代に朝鮮半島の百済からやってきた数千から一万人規模の渡来人たちが祖ではないかと思われる。

なぜ、そんな大人数で日本へ渡ってきたのかというと、その頃中国・朝鮮半島は、三国時代が終わった五胡十六国《ごこじゅうろっこく》時代。戦乱に次ぐ戦乱の時代である。前秦《ぜんしん》ならびに後《こう》秦《しん》が滅亡し、秦氏は戦乱を避けるために日本へと移民してきたと思われる。

また、秦氏は朝鮮半島からやってきたが、実は朝鮮人ではなく、遠くペルシャからやってきたチベット系の民だともいわれている。

日本に根をおろした秦氏は、建築技術や養蚕《ようさん》、機織《はたお》りの技術を伝え、技術者としても商人としても栄えていく。一族は日本各地へとその足を延ばし、関東へも住み着いたという。神奈川県に残る「秦野市」という地名からも、そのことが窺える。

秦氏は、大和朝廷ならびに古代の天皇家に深く関わりを持っていた。広い人脈と財力、そして叡智を持っていた秦氏ならば、その気になれば日本を牛耳《ぎゅうじ》る権力者になりえたかもしれない。だが彼らは常に裏方に徹し、表舞台へ出ることはなかった。

それはなぜか。彼らは朝鮮半島で、戦乱の末の苦渋をなめた一族である。政治的な成功は、いずれ次の権力者によって残忍な形で打ち砕かれることを、つぶさに見てきている。

それならば、政治的な成功よりも経済的な成功を求め、生き延びて一族を繁栄させるほうが得策であると考えたのではないだろうか。

「稲荷神社＝キリスト神社」を裏づけるこれだけの理由

さらに秦氏は、権力者だけではなく、民衆とも密接に結びついていた。

庶民が気軽に信仰できる数多くの稲荷神社を生み、機織りの技術を浸透させ、安価な薬を売るなど、民衆の生活の基盤となる文化も伝えたのである。

稲荷神社の朱の鳥居。「お稲荷さん」はキリストだったのか？

だが秦氏が広めた文化には、多くの謎が隠されている。日本各地に多くの寺社を建てた秦氏だが、**実はユダヤ教（あるいはキリスト教）を信仰していた**という説があるのだ。とくに、古代キリスト教の教派の一つである「ネストリウス派」は、異端とされたため迫害を受けて東方へ移動し、中国で「景教」と呼ばれるようになったという。まさに、秦一族の歩んできた道筋と一致する。

さらに、秦氏が設立に関わった建築物や習慣には、『旧約聖書』や『新約聖書』に載っている儀式や慣習、教えなどにもとづいているように見えるものばかりなのだ。

たとえば、秦氏が全国に建てた稲荷神社。

前述の景教では、イエス・キリストのことを、「ＩＮＲＩ」と表現することがあるという。**「ＩＮＲＩ」——すなわち「イナリ」である。秦氏は「稲荷神社」を、「キリスト神社」として建てたのだ！**

さらに、稲荷神社で見られる朱の鳥居は、『旧約聖書』に記されている、禍を避けるためには「家の入り口の二本の柱と鴨居に、羊の血を塗るように」という神の言葉に由来しているという。

〝神輿〟と〝契約の箱〟の驚くべき酷似！

さらに、その建立を秦氏が手がけた大分県にある宇佐八幡宮。これは全国にある八幡宮の総本山であるのだが、ここにもキリスト教との関係を見ることができる。

まず「八幡」とは、「ハチマン」ではなく「ヤハタ」と読む。これは、「ユダヤ」を意味するヘブル・アラム語の「ヤェフダー」、もしくは秦氏の神という意味の「ヤハ・ハタ」から来ているという。

また、ここ大分県は神輿《みこし》発祥の地でもあるのだが、神輿は『旧約聖書』にある「契約の箱」と酷似している。多くの宗教画に描かれているので、興味のある方はぜひ見てほしい。お祭りでかつがれているお神輿にそっくりなので、きっと驚くことだろう。

秦氏の真の目的は、実はキリスト教の布教だったのかもしれないなんて、少々トンデモ説かもしれない。しかし、このような証拠の数々と、秦氏が遠くペルシャから渡来したことを考えると、もしかすると**彼らは『旧約聖書』にある、消えた「イスラエルの十部族」の一つで、大陸を彷徨《さまよ》った果てにシルクロードをわたり、日本へとやってきた**のだとは考えられないだろうか。

秦河勝が仕えた聖徳太子の本名は、厩戸皇子。厩で生まれた厩戸皇子とは、まるでイエスのことではないか。ともあれ、秦氏が築いた文化や習慣は今なお受け継がれ、我々の生活に浸透しているのである。

妖怪「鵺」退治に源頼政が選ばれた理由

平安時代、人々は「魔」を恐れながら生きていた。事故が起きたり病気になったりすると、それは「魔」の仕業だと考えたのである。平安末期の京の都は、みな怪異を避けるように暮らしていたのである。

あるとき、毎晩丑三《うしみ》つ時になると、東三条の森に黒雲が立ち上がって、御所までなびくという事件が起きた。**黒雲が御所にかかると、近衛天皇がうなされて苦しむ**のである。

ただちに僧侶が呼ばれ祈禱が始まった。だが、その効果はなく、近衛天皇は苦しみ続けたのである。御所ではこの事態を何とかせねばならぬと会議が行なわれ、源頼政《よりまさ》に白羽の矢が立った。**「目に見えぬ変化《へんげ》のものを退治せよ」**と。

源頼政は平氏政権下にあって、平清盛から信頼され、従三位《じゅさんみ》を務めた源氏方の長老として中央政界に留まった人物である。その頼政が変化退治に任命された理由はこうである。

その昔、堀河天皇が病気になった際、病平癒祈願のために源氏の棟梁である源義家が御所にあがって、**「陸奥守、源義家」と叫んで弓の弦《つる》を三回鳴らすと、病魔が去っていった**ことがあったのだ。このことから、同じ源氏の武士であり、武勇に秀でていると噂されていた頼政が選ばれたのである。

◎『古事記』『万葉集』にもその名が残る〝奇妙な妖怪〟

頼政は丑の刻の少し前、土蜘蛛を退治したという先祖・源頼光《よりみつ》から受け継いだ弓と、山鳥の尾で作った矢、そして家来の井早太《いのはやた》を従えて参内する。

すると、みるみるうちに不気味な黒雲が清涼殿（天皇の日常の居所）を覆い始めた。黒雲の中に怪しい何かを見た瞬間、頼政は矢を射たのである。

すると恐ろしい悲鳴と共に、何かが落下したのだ。すぐに家来の早太が取り押さえてとどめを刺した。

黒雲が晴れ、**月が照らし出したその怪物は、頭は猿、胴は狸、尾は蛇、手足は虎という妖怪「鵺《ぬえ》」**だったのである。

鵺を仕留めたことで、近衛天皇の体調は見る間に回復したという。頼政は褒美として獅子王という刀を賜った。この「鵺退治」が、結果的に源氏隆盛への一歩となったといっても過言ではないだろう。

しかし、この話は『平家物語』に書かれたものであるが、信憑性が高いとはいいがたい。そもそも捕らえた鵺という妖怪、風貌からしてデタラメの極致である。

鵺は『古事記』や『万葉集』にもその名が残る、実に奇妙な妖怪だ。「ヒョーヒョー」と気味の悪い声で鳴き、この声が聞こえてくると不気味なことが起こると思われていた。

現在では、この鳴き声はトラツグミという鳥の声ではないかといわれている。主に夜に鳴く鳥で、実に淋しい声で鳴くのだとか。トラツグミの声が聞こえると、災いを恐れた天皇や貴族は、祈禱までしたのである。

平安時代の人々にとって、魔が通る夜に聞こえてくるこの声は、さぞかし怖かったのだろう。その恐怖のイメージから、「怖そうなもの、全部合体させました！」みたいな風体の妖怪が作り上げられてしまったのではないだろうか。

その後の鵺は「馬」となって頼政に仕えた？

歌川国芳が描いた「鵺」

さて、頼政が仕留めた物がトラツグミだったのか、それとも本物の妖怪だったのかはさておき、その後、鵺はどうなったのだろうか。

鵺のその後に関しては諸説ある。『平家物語』によれば、鵺の祟りを恐れた京の人々は、死体を船に乗せて鴨川に流したらしい。

鵺の死体は大坂の芦屋川と住吉川の間の浜に打ち上げられ、芦屋の人々が丁寧に弔って、「鵺塚」を作ったといわれている。

現在でもその跡地は残っており、阪神芦屋駅近くの松浜公園の一画に鵺塚がある。

また江戸時代の『蘆分船《あしわけぶね》』という名所案内書によると、流された鵺の死体は淀川下流にある母恩寺《ぼおんじ》で弔われ、土に埋められたという。明治時代に入ってこの塚が取り壊されかけると、鵺の怨霊が近隣に現われたため、あわてて塚が修復されたそうだ。

ほかにも京都の清水寺に埋められたという説や、実は鵺は頼政の母で、息子に手柄を立てさせるために変化した、なんて説もある。

さらにできすぎた話としては、**死んだ鵺の魂は馬と化し、「木下《このした》」と名づけられて頼政が飼っていた**というのだ。しかもとてもいい馬だったため、平宗盛に取り上げられてしまい、それがきっかけで頼政が打倒平家を掲げたがうまくいかず、自害という最期を遂げたのだという。

この伝説により、京の町には今でも鵺の痕跡が残されている。二条城公園には鵺池や鵺大名神、神明神社には頼政が鵺を射たときに使われたと伝えられる二本の矢じりが、社宝として伝えられている。

近衛天皇を悩ませた黒雲が湧いたという東三条の森には、東三条大将軍神社があり、ここには樹齢八百年を超える大銀杏がある。

かつて〝鵺の森〟と呼ばれたこの森にトラツグミが生息していたかどうかは、大銀杏だけが知っているのかもしれない。

〝人魚の肉〟を食べた八百比丘尼は実在した?

権力者が名誉と金を手に入れたあと、最後に欲しがる究極のもの。それは永遠の命だ。これは、古来から現在に至るまで変わらぬ願いである。

不老不死の妙薬といえば、**「人魚の肉」**を想像する人も多いだろう。漫画やドラマの題材として使われることも多く、人魚を食べると不老不死になれるという伝説は、広く知れ渡っている。

日本でも古来より人魚の存在は記録されている。最古の記録は六一九年で、大坂の漁師の網に人魚がかかったという話が『日本書紀』に書かれている。

また、**聖徳太子が近江国《おうみ》で人魚に会っていた**という話が、滋賀県の観音正寺に伝えられている。これは、琵琶湖のほとりで、前世の悪行によって人魚になってしまった者と出会った聖徳太子が、現在の観音正寺にあたる地に堂を建て、千手観音を祀ることで成仏させてやった、という逸話である。

鎌倉時代までは、「人魚」は人の顔を持つ魚、いわゆる人面魚のことを指していた。江戸時代後期になって、ヨーロッパなど諸外国同様に、人間の上半身と魚の下半身を持つ姿で考えられるようになったようである。

〝竜宮の土産〟を食べて十代の若さを八百年保つ⁉

人魚の肉が不老不死の妙薬であるという噂は、この頃に日本各地に広まった。とくに八百比丘尼《やおびくに》伝説は、その最たる人魚伝説であろう。

時は六五四年。若狭国（現・福井県）に、小さな漁村があった。その村に住む高橋長者という金持ちの家に、一人の美しい娘がいたという。事件は娘が十六歳のときに起きた。

高橋長者は、あるとき一人の村人から夕食に招かれた。その村人はいつのまにか村に住み着き、いつのまにか村に溶け込んだような不思議な男だった。

高橋長者以外にも村の者が数人招かれていたのだが、みんなで何の気なしにその家の調理場を見てみると、まな板の上に奇妙な物が乗っているのを見てしまう。

そこには、**子供のような上半身に、魚の下半身がついた、得体の知れない生き物**が乗っていたのだ。それを前にして、調理人は包丁を握っているのである。

やがてご馳走が運ばれてきた。男は**「竜宮の土産」**だといってみんなに勧めたが、誰一人口にする者はいなかった。

江戸時代の絵師・鳥山石燕が描いた「人魚」

さっき見た〝アレ〟が調理されたとわかっていたからだ。すると男はご馳走の肉を包み、みんなにお土産として持たせたのだ。

ほかの者たちは、気味が悪いので帰り道に捨ててしまったのだが、高橋長者だけは家に持ち帰ってしまった。

そして運悪く、その土産の肉を、娘が見つけて盗み食いしてしまうのである。

人魚の肉を食べた娘はいつまでも十代の若さを保ち、何百年も生き続けた。父も死に、結婚しても夫だけが年老いて死んでいった。

悲観した娘は尼となり、全国行脚の旅に出る。八百年も生き続け、なおも年をとらず美しいままだった比丘尼は、世を儚《はかな》んで岩窟に籠もり、その生涯を終わらせたという話である。

◎義経・弁慶一行とも、一遍上人とも交流した!?

人魚という時点で「ただの昔話」と思ってしまう人も多いだろうが、八百比丘尼は全国を行脚していたとされるだけあって、各地にその記録が残されている。

比丘尼の郷里であり、最期に籠もったといわれている洞窟は福井県小浜市の「空印寺《くういんじ》」にあり、人魚伝説が色濃く残る。

生地とされる石川県輪島市に立つ八百比丘尼像

岐阜県下呂《げろ》市には、八百比丘尼伝説と浦島太郎の話が混ざった形で伝わっているし、京都府綾部市と福井県大飯郡おおい町の県境には、比丘尼がたびたび通ったことにより**「尼来峠《あまぎとうげ》」**という名がついている。

旅の途中では、義経・弁慶一行に出会ったり、一遍上人が開祖である時宗という浄土教の宗派に加わったという記録もある。

また関東にも訪れていたようで、八〇六年には、比丘尼が武蔵国慈眼寺《じがんじ》（現・さいたま市西区）に地蔵尊を奉納したというのである。

その地蔵は石櫃《せきひつ》に納められた状態で千年後に発見され、年をとりたくない女性たちの参拝で、大変賑《にぎ》わったという。

比丘尼は各地で木を植えたり、地蔵を奉納して歩いた。またその土地の男に見初められ、夫婦になったりならなかったり、という逸話も数多くある。

八百比丘尼伝説は、いうなれば日本最初の都市伝説であろう。

噂が噂を呼び、美人の尼僧が通れば**「もしかして、あれが八百比丘尼では？」**と人々がいい続けたことで、現実にはありえない八百年も生きた比丘尼像が、各地で作り上げられてしまったのではあるまいか。

徳川家康は駿府で「宇宙人」と接触していた？

宇宙人というと、つるりとした頭に大きな目、背は低くて細い手足を持った姿を思い浮かべる人が多いだろう。

SF映画に慣れた現代人にとって、宇宙人に対するイメージは、我々人類とは異質な人型タイプ、というのが常識である。

だがもし、江戸時代に宇宙人が現われていたとしたら……？

実はあの徳川家康が、〝宇宙人らしきもの〟と接触していたのである。

江戸時代後期に秦鼎《はたかなえ》なる人物が書いた『一宵話《ひとよばなし》』という随筆集がある。そこには家康に関する、ある興味深い話が書かれているのだ。

◎ご隠居生活を脅かした〝珍妙なる来訪者〟とは？

慶長十四（一六〇九）年四月四日のことだった。

将軍職を嫡男・秀忠に譲り、駿府城で悠々自適の日々を過ごしていた家康の元に、珍妙なる者が訪ねてきたのである。その日の朝、突然城の中庭に「変化のモノ」が現われたのだ。

突然の出現に城の者は驚いたが、何より驚いたのはその風貌であった。その姿は**「形は小児のごとくにして、肉人ともいうべく、手はありながら指はなく、指なき手をもて、上を指してたっている」**というものだったという。

あまりにも奇妙で不気味なモノに、人々は困惑を隠せなかった。どうしたらいいかと家康公にお伺いを立てると、家康は「人の見えぬところに追い出せ」といったそうだ。

この「肉人」が、現代でいう「宇宙人」ではないかと推測される。小型であり、指のない手を持ち、まるで宇宙から来たことを教えるかのように上を指している。前述したような宇宙人の姿を連想してしまうのは、筆者だけだろうか？

この話、実は徳川家の正史といわれている『徳川実紀《とくがわじつき》』にも書かれているのである。そこには**「駿府城内の庭に手足に指無き者がボロをまとい、髪乱れ、佇《たたず》んでいた」**とあるのだ。

後者の話は、不審者が入り込んだだけではないかと思われがちだが、現役を退いたとはいえ天下の元将軍がいる城に、何者かが入り込む隙などあるわけがない。肉人にせよ不審者にせよ、城内の庭になど存在すること自体が奇妙なのである。

侵入できる場所があるとすれば、それは上空からしかない。そう考えると家康が会ったのは、宇宙人である可能性が高いのだ。

◎江戸時代「お釜に似たUFO」が日本各地で目撃！

どうやら江戸時代の日本には、何度かＵＦＯが飛来していたようなのである。江戸の文人や好事家《こうずか》の集まり「兎園会《とえんかい》」で語られた奇談・怪談を、会員の一人曲亭馬琴《きょくていばきん》が

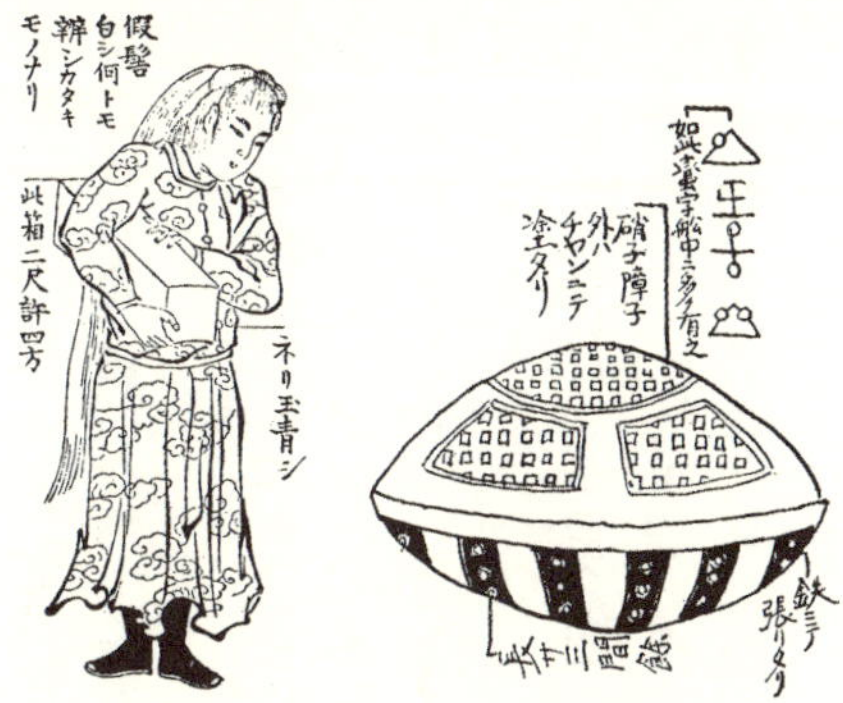

『兎園小説』に記されている、UFO らしき物体と宇宙人

まとめた『兎園小説』に、その記述が見られる。

享和三（一八〇三）年、常陸《ひたち》国（現・茨城県）に、**お釜に似た船**が漂着した。そして中からは、**まったく言葉の通じない女性**が降りてきたというのだ。

その船は香炉のように丸く、長さは三間（約五・五メートル）ほど、上のほうはガラスの窓がはめ込んであって、底は鉄の板が張り合わせてあった。

中から出てきた女性はというと、眉と髪は赤く、顔はピンク色。毛髪は長くて白髪だったという。二尺（約六十センチ）四方の箱を持ち、けっして傍らから離すことはなかったというのだ。

船内を調べたところ、飲み水のようなものや敷物、肉を練ったような食料があったという。さらに船には謎の文字がたくさん書かれていた。

見物に来ていた人々は、**蛮国から来た漂流船ではないかと思ったが、下手に触るとお上に怒られると思い、海へと返してしまった**というのである。

女性の姿からして外国からの漂流船かと思われるが、外国から日本へと流れてくるにしては、船が小さすぎるように思える。女性一人というのもおかしい。

船自体も、まるでＵＦＯといわんばかりの形で、この形状では帆もなければ舵もとれない。

この不思議な船は**「うつろ船」もしくは「うつぼ船」**と呼ばれ、江戸時代の日本各地に何度か同じようなものが漂着していたという報告がある。

「うつろ船」のうつろとは、「空」という字を書く。「空船」とは、ＵＦＯを示唆しているようにしか思えない。

ほかにも葛飾北斎「富嶽三十六景・礫川雪ノ旦《こいしかわゆきのあした》」には、雪景色見物に来た女性たちが、空を舞う三機のＵＦＯを指差す場面が描かれるなど、宇宙人飛来の痕跡は数々あ

「富嶽三十六景・礫川雪ノ且」。画面右上に、三機のUFOが確認できる

る。

宇宙人は、時のトップにコンタクトを取ろうとするといわれている。そのため、現在でも各国、とくにアメリカの首脳陣と宇宙人は、密接な関係にあると噂されている。

そう考えると、**宇宙人が当時の日本のトップであった家康に会いに来た**のも、納得いく。もしあのとき、家康が宇宙人と密なる関係を築いていたとしたら？　日本の歴史は大きく変わっていたかもしれない。

〝男子禁制〟大奥女性が愉しんだ「肉欲接待」とは

徳川将軍の正室や側室はもちろん、その子女や奥女中など常に数百人（最大で三千人）もの女性たちが住んでいた大奥。

将軍ならびにその家族の私的なスペースでもあったため、大奥で行なわれていることは絶対に外にはもらさぬよう、箝口令《かんこうれい》が敷かれていた。そのため世間一般には、大奥で起こった事件や怪事は知らされることはなかったという。

ここでは、大奥で起きた、艶っぽくアヤシい事件の数々を紹介しよう。

女性ばかりの大奥で、あるとき「延命院でご祈禱を受ける」のが大流行したという。寺社参拝は、娯楽も自由も少ない大奥の女性たちにとって、数少ない息抜きだった。しかも、延命院には**超イケメン住職の日潤《にちじゅん》**がおり、類稀なる美貌で女性ファンがひっきりなしに参拝していたというのだ。

大奥の女性たちも、日潤目当てに通っていたという。この日潤という住職、実は初代・尾上菊五郎の息子であったという噂もあることから、その見目麗《みめうるわ》しさは想像がつくだろう。

〝狂乱の一部始終〟を女忍者がキャッチ、一斉検挙へ！

男子禁制の禁欲生活を送っていた大奥の女性たちは、延命院でのイケメン見物だけに留まらなかった。**梅村という女性が、なんと日潤と肉体関係を持ってしまった**のである。

これをきっかけに、延命院では江戸中のイケメンを集めてきては、「ご祈禱」にやってくる女性たちの期待にこたえる、ハレンチ寺院と化したのだ。

延命院へ通いつめる女たちは、イケメンたちにお小遣いならぬ寄進をする。寺にとって、女たちは金づるだったのである。本来なら、延命院は三代将軍家光の側室が安産祈願をし、無事に四代将軍家綱《いえつな》が産まれたという、由緒正しい寺である。このことから大奥との関係も深かったのだが、その関係はどんどんあらぬ方向に。延命院で関係を持ったことで懐妊してしまった大奥の女性たちには、日潤が堕胎の薬を飲ませたとまでいわれている。

延命院での秘め事は、次第に噂となって寺社奉行の耳に入った。だが、坊主と大奥ほど、口の堅いものはない。**奉行所は女性調査員、すなわち女忍者のくのいちを秘かにもぐりこませた**という。そして、そこで行なわれている狂乱の一部始終をつかんだのだ。

その後、一斉検挙となり、日潤は死罪になったが大奥の女中たちで処罰の対象となったものは少なかったという。大奥の持つ権力に奉行所が折れた、という結果らしい。

実はこのほかにも、寺と大奥の秘密の関係はあった。

十一代将軍家斉《いえなり》の側室・お美代の方の実家は、智泉院《ちせんいん》という日蓮宗の寺だった。そこで、側室となった娘のご威光を借りて寺を発展させようと考え、まずは大奥の女性たちの心をつかむ作戦に出たのである。

その作戦とは「接待」――それもただの接待ではない。男性をあてがうという、肉欲接待だったのだ。

禁欲生活にうんざりしていた大奥の女性たちは、まんまと智泉院の作戦に乗ってしまった。延命院同様、妊娠しても寺で処分を行なうという用意周到ぶりだった。

だが、これも長くは続かず、家斉没後に智泉院は取り締まられてしまったという。

時価数十兆円！井伊直弼がため込んだ〝徳川埋蔵金〟の行方

「ない……。金蔵は空っぽじゃないか！」

慶応四（一八六八）年四月、江戸城が無血開城されると、明治新政府軍は江戸城へと入城した。その際に、真っ先に向かったのは城内の金蔵だった。

ここには、**大老・井伊直弼《なおすけ》が徳川幕府再興のために集めた三百六十万〜四百万両の御用金が眠っている**と噂されていた。戦続きで資金が底をつきかけていた新政府軍は、この御用金を狙っていたのである。

だが、そこに御用金はなかった。いったい御用金はどこへ行ってしまったのか？

新政府軍は、幕府が御用金をどこかに隠匿したと考え、その探索を始めた。

真っ先に疑われたのが、徳川幕府最後の勘定奉行であった、小栗上野介忠順《おぐりこうずけのすけただまさ》だった。

上野介は代々徳川家に仕えていた旗本で、井伊直弼の手足となって働いたこともあり、幕府の重責を担っていた。

勘定奉行となってからは、製鉄所や仏語学校の建設、洋式軍隊養成の陸軍伝習所など海外文化を積極的に取り入れた事業を行なっていたが、大政奉還後は領地の上野国群馬郡権田村（現・群馬県高崎市）に戻って、隠遁生活を送っていた。

だが、小栗は御用金について口を割ることなく、斬首刑となってしまった。この事件が、さらに御用金消失の噂をかきたてることになったのだ。

◎「元幕府勘定吟味役」が売り渡した〝ある権利〟とは？

明治六（一八七三）年の初夏のある日。群馬県、赤城山麓北方にある敷島村で、不思議な騒ぎが起こっていた。

東京から来たというおかしな一行が、大げさな機械を持ち込んで、村の通称〝津久田原〟の山林をあちこち掘り返し始めたのである。一つの穴が深さ十～十三メートルあまり。一見したところ、意味もなくそこかしこを穴だらけにしているとしか思えない。

「まったく変なことを始めたもんだ」

住民たちはしきりに噂をしたが、彼らにとって何より奇妙だったことがある。それは、穴掘りをしている男たちを指揮しているのが、開国と同時にいっせいに日本になだれ込んできた、金髪、碧眼の外国人だったからだ。

この奇妙な作業は冬まで行なわれ、後には五つの巨大な穴だけが残された。

その翌年になって、いずこからともなく、噂が流れ始めた。

「あれは、隠し金を捜していたのだ！」と。

一説に、その総額は四百万両近いともいい、時価にして数十兆円はくだらない、という莫大なものなのだ。

さて、実はこの発掘作業は、元幕府勘定吟味役の中島蔵人《なかしまくらんど》という人物が、**「赤城山麓にある徳川の隠し金の採掘権」**を開国後、在日アメリカ人に売り渡したことから始まったのだ。

結局、中島蔵人はのちに詐欺の疑いで訴えられたのだが、後日彼は、義理の息子である旧幕臣の水野智義に、**実際に御用金が埋められていること、埋蔵地点が赤城山中、津久田原付近であること**を打ち明けた。

彼は、莫大な富の発掘を義子に託したのだ。

これが明治九（一八七六）年夏のことで、両替商を営み裕福であった水野智義は、さっそく準備に取りかかった。そして義父の話をもとに資料を調べること五年あまり、さまざまなことがわかってきた。そう、**御用金が、いつ、誰によって、いかなる方法で埋められたのか**、ということがである。

◆死刑囚を使い、人柱まで埋めて赤城山麓に御用金を隠匿！

智義が調査をして判明したという埋蔵金のいきさつは、こうだ。

時は幕末、安政四（一八五七）年。アメリカ総領事ハリスによって、通商条約締結を迫られた徳川幕府は、開国やむなしの意見が強く、来たるべき明治維新を前に混乱を極めていた。

そんな折、幕府の御用金を秘匿すべく動いた者がいた。のちに〝桜田門外の変〟で命を落とす**大老・井伊直弼**その人であった。

多額の金を隠す理由は二つあった。

開国によってすでにおびただしい量の金が海外に流出しているのを危険視し、金銀の保有量を確保するため。そして、揺れ動く国内の情勢を睨んでの軍資金として用いるためだ。

そこで、この莫大な御用金の隠し場所として選ばれたのが、険しい山々に囲まれた赤城山麓であった。この地の適度な硬さを持つ粘土層が、作業にはうってつけと考えられたからだ。

万が一にも盗掘などがあってはならない。厳戒態勢のもと、当時の一流のスタッフが集められた。勘定奉行小栗上野介忠順、勘定奉行吟味役中島蔵人、そして林鶴梁《はやしかくりよう》だ。なかでも林は幕府お抱えの軍学者であり、「八門遁甲《はちもんとんこう》」と呼ばれる術を学ぶ、まさにうってつけの人材だった。この「八門遁甲」は、秘宝に近づこうとする者たちを惑わす巧妙な方位術なのである。

それだけにとどまらず、口封じのために実際の作業には死刑囚を使い、さらに埋蔵地点の封印のため、**林は自らの長男国太郎を人柱として埋めることまでした**という。

こうして、厳重な秘術に守られ、御用金は赤城山に秘匿されたのである。

◎ついに〝徳川家康の黄金像〟を掘りあてる！

さて、件の水野智義は、絶対の確信を抱いて明治十五（一八八二）年、津久田原に居を移すと、多いときで三百人を超す人手を雇い、発掘を開始した。

やがて暗号らしき文字が記された銅皿をはじめ、多くの物証が掘り出され、徐々に探索は核心に迫っていくようだった。そして十年ほどがたった明治二十四（一八九一）年には、重さ二キロ、高さ十三センチほどの**徳川家康の黄金像**を掘りあてた。

また、双永寺という麓の寺からは、埋蔵を裏づける銅板が発見され、御用金発掘はクライマックスを迎えるかに見えた。

しかし、それ以上の発見はなされなかったのである。

年号も改まって大正十五（一九二六）年七月、智義の四十年間にわたる発掘生活は、ついに彼の死により幕を閉じた。

その遺志は三男の愛三郎に継がれたが、昭和五十三（一九七八）年、彼も志半ばにして没すると、その次男である智之が、そのすべてを引き継いだ。

つまり、親子三代にわたる壮大な挑戦が続けられ、現在に至っているのだ。

◎埋蔵金は、今この瞬間も発掘されるのを待っている

もしも、伝えられている埋蔵金のすべてが日の目を見て、**国民すべてに分配されるとしたら、一人あたり約七十万円になる勘定**だとか。

現在でもこの幕府の御用金は赤城山中にあるといわれており、発掘が続けられている。二十年ほど前には、テレビ番組で大々的な発掘プロジェクトが組まれたことを覚えている方も多いだろう。

しかし、出そうで、出ない埋蔵金。いったいなぜ？

既述したように、徳川埋蔵金は、〝秘法〟によって封印されているからである。

最近、筆者は耳よりな情報を聞いた。

以前、テレビ番組で、この埋蔵金発掘プロジェクトが試みられた際、アメリカから透視能力者まで招請して挑んだことがあったという。その発掘のさなか、透視能力者は、近くの山にある名もない墓地を指差して、**「長方形の物体が秘匿されている」**とつぶやいたそうだ。

この情報は、なぜか公表されていない。もしかしたら、埋蔵金の一部が、〝金ののべ棒〟に変えられ、隠匿されているのかもしれない。

7章

歴史の「転換点」で暗躍した黒幕たち

——「この人物」がいなければ、歴史は変わっていた!?

「大化の改新」を裏で操っていた〝意外な人物〟

六四五年は、日本という国が正式に成り立った年であるといっていい。

実は六四五年から始まる「大化」は、日本最初の元号なのである。孝徳天皇により発布された「改新の詔《みことのり》」によって、天皇中心の政治となったことから、日本は始まったということになるのである。


それまでの日本は、天皇制ではあったものの、豪族たちに政権を掌握された形での政治となっていた。奈良時代、とくに権力を持っていたのが蘇我氏である。

蘇我氏は稲目《いなめ》、馬子《うまこ》、蝦夷《えみし》、入鹿《いるか》の四代にわたり、天皇家を押しのけて政治の実権を握っていた。そして聖徳太子が亡くなったあと、再び政治は蘇我氏の思うがままになってしまうのである。

◎“殺される前に討つ！”蘇我入鹿暗殺の舞台裏

聖徳太子の息子である山背大兄王《やましろのおおえのおう》は、推古天皇の次の天皇候補として有力な人物であり、若かったが父のカリスマ性を受け継ぎ、人望のある青年だった。山背大兄王が次期天皇になるのは何の問題もなかったのだが、彼を疎んじていた蘇我蝦夷が妨害工作をし、田村皇子《たむらのみこ》（舒明天皇《じょめいてんのう》）を天皇にしてしまう。

さらに蝦夷の子、蘇我入鹿はその次の天皇に、舒明天皇の子である古人大兄皇子《ふるひとのおおえのみこ》を据えようと画策していた。すべて蘇我氏に都合のいいように、政治を動かすためだ。

そこで邪魔になったのが、山背大兄王である。六四三年、**入鹿は山背大兄王一族を急襲し、自殺へと追い込んだ**のだ。ここで聖徳太子の家系・上宮王家《じょうぐうおうけ》一族は滅亡してしまった。

この事件を受け、古人大兄皇子の弟に当たる中大兄皇子は、「次は自分が殺される！」と危機感を抱く。蘇我氏が力ずくで権力を得ようとする様に、恐怖を覚えたのであろう。そして、「入鹿を討つしか、自分が生き残る術はない」と悟ったのだ。

中大兄皇子は、中臣鎌足《なかとみのかまたり》を仲間に、**六四五年に蘇我入鹿を暗殺**する。世にいう「大化の改新」の幕開きだ。

入鹿暗殺の直後、古人大兄皇子は粛清を恐れて出家し、入鹿の父・蝦夷は自害。強大な権力を持った豪族・蘇我氏は滅亡したのである。

なぜ中大兄皇子はすぐに即位できなかったのか？

この事件の後、女帝であった皇極天皇《こうぎょくてんのう》が退位し、新たな天皇が即位することになった。事件の流れからいって中大兄が即位すると思いきや、なんと**皇極天皇の弟で中大兄皇子の叔父である軽皇子《かるのみこ》（孝徳天皇）が即位した**のだ。

のちに即位して天智天皇になるとはいえ、中大兄皇子がこのときすぐに即位しなかった理由は、彼がまだ二十代だったためだという。年長者に継承権があるのはわかるが、歴史を変えるような大きなことを成し得た中大兄皇子を押しのけて即位するとは、なんだか軽皇子が美味しいところをすべて持っていった感が否めない。手を汚さずして、皇位を手に入れたのだから。

こう考えると、中大兄皇子がクーデターを起こした理由があやふやになってくる。中大兄皇子よりも軽皇子のほうが、もともと皇位に近かったからだ。もしや中大兄皇子は、軽皇子にいいように焚きつけられて、事に及んだのではないだろうか……。

ともあれ、軽皇子こと孝徳天皇は史上初めて大化という元号をたて、六四五年を大化元年とした。そして「改新の詔」を発布する。

「改新の詔」は、土地所有のルールを整備し、税を取ることなどを決めた法律である。主な内容は次の通りである。

- それまで豪族や民のものであった土地をすべて天皇のものとする（公地公民制）
- これまであった国、県、豪族が治めていた地域などを整理し、中央から派遣した国司に治めさせた（国郡制度）
- 戸籍を作成し、民に土地を貸し与える（班田収授法《はんでんしゅうじゅほう》）
- 民に税や労役を課す制度の改革（租・庸・調）

要するに、権力をはびこらせていた豪族の財力と権力を天皇（中央政権）が奪い、それを民に貸し与え、税を取るという律令制が取り入れられたのである。

こう書くと、天皇家が都合よく政治を行なっているように思えるが、当時の人民からしてみれば、「大化の改新」できちんとしたルールが定められたことにより、争いの少ない生活しやすい環境になったのである。都合よく豪族に権力を振るわれるより、幾分ましだったのだ。

『日本書紀』ではこのクーデターの首謀者は、中大兄皇子と中臣（藤原）鎌足であると名指しで書いている。そして『日本書紀』を編纂したのは鎌足の息子・不比等《ふひと》だ。不比等は、日本における律令制度の基礎を築いた天皇家と藤原家の密接な関係を強調しておきたかったのだろうか。

果たして、「大化の改新」におけるクーデターの首謀者は、軽皇子だったのか。史実通り、中大兄皇子と鎌足によるものだったのか。

事件の関係者で一番得をした人物が疑われるのは、ミステリーの定番である。

「本能寺の変」には〝陰の首謀者〟がいた!?

「人間《じんかん》五十年　化天《げてん》の内を比《くら》ぶれば　夢幻《ゆめまぼろし》の如く也」

これは能や歌舞伎の原点である幸若舞の演目「敦盛」の一節である。

人間の寿命は五十年、化天（天界のうちの一つ）の住人の寿命は八千歳といわれるため、彼らに比べれば人間はなんと儚いものだろうか、という意味だ。

織田信長は、この一節が気に入りで、よく舞っていたという。そして詞章《ししょう》をなぞるように、信長は本能寺にて四十九歳の人生を閉じたことは、よく知られている。

本能寺の変で信長を襲ったのは、家臣・明智光秀だった。

この「本能寺の変」、実は光秀本人の殺害動機がイマイチはっきりしない。このことから、織田信長殺害には光秀を裏で操る者がいたという、黒幕説が多くある。それらを簡単に記しながら、信長を殺した真犯人は誰なのかを追ってみよう。

◎日本史永遠のミステリー！　信長を殺したのは誰か？

1　光秀単独犯行説……信長の暴虐に、ついにキレてしまった？

信長にとって光秀は豊臣秀吉と共に、もっとも信頼する部下の一人であった。光秀もそれを承知していたが、人前で光秀をけなすような振る舞いや、領地を取り上げられて地方へ国替えさせられるなど、腹に据えかねる出来事も多々あった。

それらが積もり積もって、怒りが噴出してもおかしくはない。

2　秀吉説……光秀を裏で操り、天下取りを目論んでいた？

信長が死んだことで、結局一番得をした人物は秀吉である。信長を討った光秀は主君殺しの汚名を着せられ、秀吉軍に攻められた。その天下はたった十二日間で幕を閉じたのである。

主君の仇討ちをしたことで、秀吉は人心をつかみ、信長の勢力を手に入れたのである。一番得をした者を疑うのはミステリーの定石であるが、まさに秀吉は一番疑わしき人物。たくみに光秀を操って、信長を暗殺させたのではないだろうか？

3 足利義昭説……幕府滅亡の恨みは、果たしがたし？

室町幕府第十五代将軍の足利義昭は、絶大な勢力を持っていた信長によって、京都から追放されている。いわゆる**室町幕府の滅亡**である。

信長に対しては並々ならぬ恨みを持つ義昭が、旧家臣であった光秀を使って暗殺させたという説だ。光秀が旧家臣であったという確固とした証拠はないのだが、光秀の家臣団には義昭の家臣も多く存在していることから、太いパイプはあったようだ。

4 朝廷説……「滅ぼされる前に滅ぼしてしまえ」と考えた？

朝廷側は、信長が朝廷を滅ぼす気があるとみていた。そもそも信長は右大臣兼右近衛大将の官職を辞任している。天下統一を推し進める実力者が無官だったのだ。

このことからも、朝廷はないがしろにされていると感じていただろう。年号や暦を圧力によって替えさせるなど、度重なる権威への干渉も、朝廷にとっては驚異であった。そのため、光秀へ朝廷から勅命を下したとする説である。

5 徳川家康説……「ホトトギス、鳴くまで待」たなかった?

家康にとって信長は、殺したい相手ナンバーワンといっていいほど、数々の確執がある。まず武田氏との内通疑惑により、**正室である築山殿《つきやま》と嫡男松平信康を死に追い込まれた。**

さらに関東への勢力拡大を目論んでいた信長にとって、三河を中心に治めていた家康は非常に邪魔な存在。二人は同盟者ではあったが、いずれ信長が家康を遠方へ追いやるか滅亡させるかは、目に見えていたことなのである。

行き場を失った家康が、信長暗殺を企てても、微塵もおかしくない。

6 イエズス会説……まさかの大穴! 信長は傀儡《かいらい》にすぎなかった?

「信長とイエズス会なんて、どんなつながりが?」と思われるかもしれないが、これが大きな関係があったのだ。この説は、歴史家の立花京子氏が提唱しているもので、**イエズス会が日本の政権交代を目論んでいた**、というものである。

信長政権はそもそも、スペイン、ポルトガルの植民地政策の傀儡《かいらい》にすぎなかったとされ、イエズス会の支援を受けて天下統一を進めていたのに、勢力拡大によって信長がイエズス会から離反しようとしたことから、秀吉へと鞍替えされたというものだ。斬新な解釈だが、これくらい突拍子もないと、逆に信じてみたくなる。

ほかにも千利休や、信長の正室・濃《のう》姫が黒幕だったという説など、多種多彩な説が多く飛び交う。

だが、信長の死に関してはまだまだ多くの謎が隠されている。実際、**信長の最期も光秀に矢で射られたのか、自害だったのか、それすらも判明していない。**前述したとおり、燃え落ちた本能寺から、信長の遺体は発見されなかったのだ。

中には、秘かに本能寺を抜け出して、九州へ逃げたという噂もある。

信長生存説と共に、「本能寺の変」の黒幕説は、日本史ミステリーの永遠の謎。ファンにとっては、解けてはならない謎なのかもしれない。

徳川家康は二度死んだ⁉
今も囁かれる影武者説

徳川家康の生涯には、影武者の存在がつきまとう。

七十五歳という当時としては長命だったこともあり、影武者どころか成長の段階で別人と入れ替わっていたとか、数人で「徳川家康」を演じていた、などという説もあるのだ。


家康に影武者がいたという説が出始めたのは、明治三十五（一九〇二）年のこと。地方官吏をしていた村岡素一郎《むらおかそいちろう》が『史疑徳川家康事蹟《しぎとくがわいえやすじせき》』を出版したことに始まる。

それまでは徳川家康といえば、日本に天下泰平の江戸幕府を開いた神君とされていたため、その出自を疑う者は、誰一人としていなかった。疑ってはいけない存在だったのだ。

そのためこの本は刊行されるや否や、あっという間に書店から姿を消したという。

明治とはいえ、まだまだ権力者の中には旧幕府出身者も多かった時代。**人気のため売り切れたのではなく、何者かの圧力によって回収された**のである。

◎徳川幕府を開いたのは〝家康の替え玉〟だった!?

では、その本はどのような内容だったのか。

徳川家康は六歳のときに、今川家への忠誠を示すための人質として差し出されるが、その道中を襲われ、対立していた織田氏の人質になるなど、運命に翻弄された幼少期を送る。二年後、駿府の今川氏の人質となり、今川義元の下で武将として働いたのち、桶狭間の戦いで義元が戦死するにともない独立した。

だが実はこのとき、**世良田《せらだ》二郎三郎《じろうさぶろう》元信《もとのぶ》なる私生児の男と、家康が入れ替わっていた**という。今川義元が信長に討たれた混乱に乗じて、実は家康は暗殺されてしまった。その身代わりとして元信が選ばれ、徳川家康として生きていったのだと書かれている。

まるで小説のような話である。のちに、史実と違う点などが指摘され、やはり推測から導き出された仮説という決着がついている。

とはいえ、権力によって幻とされてしまった本だけに、真実が隠されている可能性もある。現在では現代語訳の復刻版が出版されているので、手に取ってみてほしい。

もし、大坂夏の陣で家康が死んでいたら——?

その後昭和に入ってから、この本を基にした影武者説をテーマにした時代小説がいくつか発表され、世間の注目を集めることとなる。

歴史ファンの間では永遠のテーマとなったこの「家康影武者説」は、現在では**小笠原秀政**《おがさわらひでまさ》と**恵最**《えさい》という二人の人物が家康の影武者だったのではないか、という説で落ち着いている。

小笠原秀政は家康の家臣で、家康の孫娘・登久姫《とくひめ》と結婚した武将である。大坂夏の陣で重傷を負い、間もなく死去したといわれているが、実はこの戦で負傷したのは秀政ではなく、家康だったのである。

大坂夏の陣は、いわずと知れた徳川氏と豊臣氏との決戦だ。大軍を率いて優勢だと思われていた徳川軍だったが、豊臣軍の猛攻に敗退する事態に。家康も自決する覚悟を決めたほどだったという。だが形勢を立て直した徳川軍はなんとか大坂城を落とし、ついに豊臣氏を滅亡に追い込んだのである。

だがもし、**この戦いの最中で家康が死んでいたとしたら？**　大将なくして戦の勝利はありえない。その死を隠して身代わりを立てるくらい、常識だったのかもしれない。

かくして**秀政が家康になりかわった**というのである。

ただこの時点で、家康は七十歳をとうに過ぎている。秀政は四十七歳だったというから、身代わりとしては不適切だったと思われる。

もう一人の恵最は、**家康の異母兄弟**にあたる人物だという。

しかしこの人物、松平広忠《まつだいらひろただ》の側室の子、という出自こそわかっているのだが、出家し僧侶となったという記録しか残っていないのだ。だが、家康と同じ日、同じ時刻に生まれた人物だといわれている。もしかすると、双子の兄弟だったのではないだろうか。

一説には、大坂夏の陣で家康が死亡した際に、甥の秀忠から影武者を頼まれたという説がある。恵最ほど、影武者にふさわしい人物はいなかっただろう。

こうして家康は大坂夏の陣で死に、秀政か恵最か、どちらかの人物が影武者として入れ替わったのである。そして、例の天婦羅食べすぎ事件まで家康としての生涯を過ごしたのである。

◎健康オタクの家康が「天婦羅を食べすぎる」はずがない!?

七十五歳となった家康は、年齢のわりに健啖家で、相当な食通だったという。だが**自分で薬草園を持っていたくらいの健康オタク**だったため、食べ合わせには細心の注意を払っていたらしい。

当時、京都で鯛の天婦羅が流行していると聞きつけた家康は、さっそくそれを作らせた。天婦羅といっても、当時の天婦羅はすり身にニンニクで味付けして揚げたという、さつま揚げに近いものだったという。

そして、天婦羅を食べた家康は、そのあまりの美味しさに何個も食べてしまったのである。あれほど健康に注意していた家康が食べすぎたとは、よほど美味なる天婦羅だったのだろう。

家康はその晩に、食中毒症状を訴える。回復しては悪化の日々を送る長患いとなり、とうとう最期の時を迎えた。

このとき死んだ家康は、本人だったのか影武者だったのか。いまだ謎は解明されていない。

集団乱舞「ええじゃないか」は長州藩の謀略だった!?

慶応三（一八六七）年七月十四日、東海道、三河の渥美郡牟呂《むろ》村（現・愛知県豊橋市）で、**伊勢神宮のお札が空から降ってくる**という珍事が発生した。

「これは吉兆の前触れに違いない」

人々は〝天からの贈り物〟を手にし、突然「ええじゃないか」と口々にはやしたてながら、集団で狂喜乱舞をはじめた。

同様の事件は吉田城下（豊橋市）でも発生し、「ええじゃないか」のはやしに乗るようにして、同様の事象が伊豆、相模、駿河、近江、山城、丹後、紀伊、伊予、土佐など、東は箱根、西は尾道まで約三十カ国へ飛び火。各地に伊勢神宮はもちろん、秋葉大権現、春日、八幡、稲荷、住吉、天神、水天宮、大黒天などの神仏のお札や、仏

像や仏画、小判、生首や手、足、美女までもが空から降った。人々は、

「日本国の世直りはええじゃないか、ほうねんおどりはお目出たい、おかげまいりすりゃええじゃないか、はぁ、ええじゃないか」

などと天からの降臨を喜び合い、

「世の中をひっくり返そう」

と、老女は娘の格好をし、男は女装し、女は男装し、三味線の音にあわせ、口々に

「ええじゃないか」と、踊り狂ったという。

当時、世相は混乱をきわめていた。嘉永六（一八五三）年のペリーの来航をきっかけに政情は不安定化し、貿易の失敗などから国内では激しいインフレが起きた。

安政二（一八五四）年から安政三（一八五五）年にかけては、マグニチュード八レベルの「安政の大地震」と呼ばれる地震が、東海、南海、豊予《ほうよ》（現在の大分県と愛媛県）、関東と立て続けに起こり、津波、大雨、洪水などの天変地異が相次いだ。にもかかわらず、幕府は大した策をとれずにいた。「生活をどうにかしてほしい」という、人々のフラストレーションは頂点に達していたのだ。

それでも中には、「これは何者かが仕組んだ煽動じゃないか」と、現象を冷静にとらえ、いぶかしがる者もいた。しかしそういった輩《やから》はなぜか、突然死や事故に見まわれ、かえって「疑いを持つと天罰がくだる」と、人々の熱狂に拍車をかけた。

しだいに豪農や地主の家に勝手に上がり込み、

「金を盗ってもええじゃないか」

「米をいただいてもええじゃないか」

などと、金品を強奪する者も現われた。裕福な家々はそんな狼藉《ろうぜき》を恐れ、門前に神棚や仮の仏殿をしつらえ、酒を振る舞い、お金や餅をばらまくなどの対処をとらざるを得なかった。

◈本当に〝お札が空を舞った〟のか？

「どうにかならないものか」……。

幕府に陳情する者も多かったが、さしもの幕府も収めることはできなかった。そも

「豊饒御蔭参之図」。これでもかとばかりにお札が舞っている

そも、幕府に統治能力があったなら、人々はここまで暴徒化しなかっただろう。幕府の権威は失墜した。

果たしてこの幕末に、天からお札が舞い落ちるといった、奇跡が本当に起きたのだろうか。「ええじゃないか」の様子を描いたとされる、浮世絵「豊饒《ほうねん》御蔭参之図《おかげまいりのず》」には、天からハラハラとお札が舞う様子を見ることができる。

強風によるものか、竜巻でも起きたのか、それとも本当に天から湧いて降ったのか。

よくよく調べると、実際は富商・豪農の家の軒先や、庭、木々にお札や物品が置かれていただけだったようだ。これなら、誰にだってできる。

では、誰が引き起こしたのか。

幕末から明治にかけて活躍した作家でジャーナリストの福地源一郎は、著書『懐往《かいおう》事談《じだん》』でこう書き記している。

「京都方の人々が人心を騒乱せしむるために施したる計略なりと、果たしてしかるや否やを知されども、騒乱を極めたるには辟易したりき」

尊王派として活躍した大隈重信も

「誰かの手の込んだ芸当に違いないが、まだその種明かしがされておらぬ」

という言葉を残している。

なぜ〝王政復古の大号令〟のあとはピタリと静まったのか

実は、長州藩士で戊辰戦争でも活躍した木梨精一郎《きなしせいいちろう》がその黒幕だという説がある。

実際、ええじゃないかの文言の中には、

「長州がのぼた、物が安うなる、えじゃないか」

「長州さんの御登り、えじゃないか、長と薩と、えじゃないか」

などと、長州の倒幕に対する期待が込められたものもあった。結果、倒幕派だけでなく、民衆運動の収束に向けた対応に追われた幕府は弱体化。慶応三（一八六七）年十月十五日に徳川慶喜《よしのぶ》の大政奉還により滅亡する。

その後、同年十二月九日の王政復古の大号令につながり、明治へ向けて時代は激変を始めるのだが、この変革と同時に、「ええじゃないか」は、ピタリと静まっている。

どこかめでたいイメージのある「ええじゃないか」だが、実は**民衆によるクーデターの狼煙の文言**だったのかもしれない。

「明治維新」も、あの〝世界的秘密結社〟の陰謀だった!?

日本を近代国家へと変革させた明治維新は、一部の藩士たちによる偉業のように語られがちだが、外国人らのサポートなしでは成し遂げられなかったという一面を持つ。黒船で来航したペリーをはじめ、武器商人トーマス・ブレーク・グラバー、英国人外交官アーネスト・メイソン・サトウらが有名だが、彼らには大きな共通点があった。

それは、**フリーメイソン**。

彼らは世界的に名高い秘密結社のメンバーだったのだ。

フリーメイソンは、もともとは中世にイギリスで誕生した石工らによるギルド（組合）だった。やがてそこに、貴族や地主らが会員として入り込むことで、一大コミュニティーができあがり、宗教や地位を超えた親交を深めるようになった。

「ただ、それだけの団体だ」と会員は口を揃えていうが、メンバーには古今東西の有名人が名を連ね、政治的にも文化的にも、歴史的事件にはなぜか必ず関わりを持つ。

そして**明治維新も、彼らフリーメイソンらによって引き起こされた**、という説があるのだ。明治維新を英訳すると、「Meiji Revolution」。そう、革命だ。日本を内戦状態に陥らせ、混乱している隙を狙って牛耳ろうというのがフリーメイソンの目的だったと考えられるのだ。

◎龍馬とフリーメイソンの「知られざる蜜月関係」

ここに興味深い一冊がある。加治将一著『石の扉　フリーメーソンで読み解く歴史』だ。本書では、**龍馬はフリーメイソンの操り人形だった**という論を展開している。操っていた人物は前述の武器商人、グラバーだ。

グラバーは、開港間もない長崎にグラバー商会を設立。貿易業を始め、薩摩、長州、土佐といった倒幕派を支援。彼らに銃などの武器や弾薬を売りつけ、海外留学の手引きもしていた。さらには日本初の蒸気機関車の走行や、高島炭坑の開発、長崎では造船業も始めている。

龍馬がグラバーと知り合ったのは慶応元（一八六五）年。そのとき、龍馬三十一歳、グラバー二十八歳。二人の出会いの若さに驚かれると思うが、グラバーが来日したのは二十一歳の頃だ。グラバーの才覚もあっただろうが、この若さでそれほどの力を持ち得たのは、フリーメイソンというバックがあったからこそに違いない。

以来、龍馬は頻繁にグラバー邸に出入りするようになる。龍馬の目的は、彼が持つ潤沢な資金や武器。**グラバーが目をつけたのは、龍馬の人脈**だった。

龍馬は、幕府の軍艦奉行であった勝海舟の配下であり、長州藩の桂小五郎、高杉晋作、薩摩藩の西郷隆盛、土佐藩の後藤象二郎らと太いパイプを持っていた。この時代に、こんな重宝な人材は龍馬をおいていない。

◎倒幕志士たちは〝フリーメイソン配下〟にあった？

さらに、グラバーが人材育成にことに力を入れていたことも、フリーメイソンが日本に力を及ぼそうとしていたことを裏付ける。

文久三（一八六三）年には伊藤博文や井上馨《いのうえかおる》を含む五人の長州藩士を、慶応元（一八六五）年には、五代友厚《ごだいともあつ》ら薩摩藩の若者をイギリスに密航させている。日本を動かす原動力になったのは、グラバーの手引きで海外を見た志士たちだったのである。

同時期に日本に滞在していたアーネスト・メイソン・サトウも、多くの志士らと親交があった。ミドルネームが表わしているように、彼もまた、正真正銘のフリーメイソンメンバーだった。

サトウは、西郷隆盛、大久保利通、伊藤博文、井上馨、勝海舟、陸奥宗光《むつむねみつ》といった、そうそうたる顔ぶれと接触していたという。彼が英字新聞に書いた〝日本の将来モデル〟についての論文は西郷隆盛らに読まれ、新政権の参考にもされている。

さらに気になるのは、幕末の日本に西欧文化を伝えた、**ジョン万次郎**の存在だ。

無学な漁師だった万次郎がアメリカで高い教育を身につけ、莫大な旅費をものともせず帰国できたのは、フリーメイソンの支援があったからだという話がある。

万次郎の使命は、フリーメイソンにとって都合のいい思想を広めることだった。事

メイソンの一員であることを誇示するかのようなグラバー邸の石柱

実、彼が通訳として活躍した日米和親条約では、米国に有利な条約を締結させることに成功している。

高知県の足摺岬に立つジョン万次郎の銅像の左手には、フリーメイソンのシンボルマーク**「コンパスと直角定規」**が握られているという。

また、グラバー邸は現在も「グラバー園」として残されているが、石柱には「コンパスと直角定規」がしっかりと刻まれている。フリーメイソンは、すでに日本をも支配しているのかもしれない……。

孝明天皇の「不審死」の陰にちらつく〝ある大物人物〟とは？

大政奉還の一年前の慶応二（一八六六）年十二月、疱瘡（天然痘）のために、三十六歳の若さで急逝した孝明天皇。

明治の表舞台に立つことなく世を去った悲劇性もあってか、孝明帝の死には今もなお「暗殺説」がつきまとう。暗殺説に信憑性を持たせているのは、周囲の人々による孝明天皇の最期に関する記述だ。

孝明天皇の側近で、明治天皇の外祖父にあたる中山忠能《ただやす》氏は、日記に最期の様子を

「二十五日は御九穴（体中の穴という穴）より御出血」

と、記している。

彼の日記を読み込むと、確かに孝明天皇は疱瘡を患っていたようだ。しかし、十二

月十日前後に発症したものの、十七日には回復の兆しが見え、容態が急変する二十四日の夜半までは、ほぼ回復したと見られていた。

◉孝明天皇主治医のひ孫が「毒殺説」を提起!

それなのに突然、痘瘡とは異なる症状で、壮絶な死を遂げたのだ。似たような記述は、孝明天皇の病気平癒の祈禱を行なった誓願寺の上乗坊の日記にも見られる。

「天皇の顔には紫色の斑点があらわれて虫の息で、血を吐き、脱血した」

という、衝撃的な一文がそれだ。痘瘡は、皮膚と同じ、またはやや白色の斑点が現われる病であり、紫色とは明らかにおかしい。

この日記は昭和十七(一九四二)年になってようやく、京都大学の赤松俊秀教授によって古寺で発見されている。ただ、不思議なことに、この記録は公表を差し止められ、日記もろとも葬られてしまった。

さらに昭和五十年代に入ると、孝明天皇の主治医であった、伊良子《いらこ》光順《みつおさ》のひ孫にあたる医師伊良子光孝氏が、光順氏の日記やメモ帳をもとに、**「孝明天皇は毒殺されたのではないか」**と、問題提起をした。

医師である光孝氏は、光順氏の手記を元に検証した結果、毒物は亜砒酸である可能性が高く、急性中毒症状が起きたのではないかというのだ。

◎鎖国攘夷にこだわる孝明天皇を疎んじていたのは？

ではなぜ、孝明天皇は命を狙われたのか？

実は孝明天皇は薩長をはじめ、倒幕派から祭り上げられるべき存在でありながら、思想は彼らとは異なっていた。

薩英戦争を経て、倒幕派は、西欧諸国との武力衝突は自殺行為だということを身をもって感じ、開国維新を推し進めようとするが、孝明天皇は大の外国人嫌いで、鎖国攘夷にこだわった。また、徳川十四代将軍の家茂を信任しており、妹の皇女和宮を降嫁させるほど、徳川将軍家との協調路線を重視しており、**「公武合体」**を論じてはばからなかった。

つまり、**倒幕は、孝明天皇の世では成り立ちようがなかった**のだ。

倒幕派にとって、孝明天皇の扱いづらさは理解できるが、とはいえ一国の帝。やすやすと暗殺が成功するとは思えない。

◎"岩倉具視の妹"が実行犯と囁かれる理由

ここでキーパーソンになるのが、天皇の後宮に仕えていた**堀河紀子**《ほりかわもとこ》の存在だ。彼女は開国・倒幕を推し進めていた**岩倉具視の実の妹**だった。彼女は孝明天皇の寵愛を受け、二人の皇女を出産している。皇女らは幼くして亡くなっているが、孝明天皇が紀子によせる愛情は変わらず、深く信頼していたという。

そんな彼女なら、いかようにも天皇と接触できたのではないか、というのだ。

実際、巷では**「天皇には筆をなめる癖があり、それを堀河紀子経由で知った岩倉具視が、穂先に毒を含ませた新しい筆を献上した」**などと、囁かれたようだ。

昭和十五（一九四〇）年七月、京都の産婦人科医で医史学者の佐伯理一郎も「天皇が痘瘡に罹患した機会をとらえ、**岩倉具視がその妹の女官・堀河紀子を操り、天皇に毒を盛った**」という旨の論説を発表している。

また、既述のイギリスの外交官アーネスト・メイソン・サトウも著書『一外交官の見た明治維新』の中で、「噂では帝の崩御は痘瘡によるものとされているが、ある事情通の日本人から、帝は確かに毒殺されたと教えられた」「帝は保守的で、外国に対しいかなる譲歩も許さなかった。**いずれ邪魔になるだろうと目した一部の人間に殺されたのだ**」といった趣旨のことを記している。

ここまでくると孝明天皇暗殺はほとんどクロといって差し支えがないのではないか。

事実、孝明天皇の死後、岩倉具視や大久保利通らの倒幕、王政復古派は勢いを増し、大政奉還から明治新政府樹立へと突き進む。これらは、孝明天皇が存命していれば、ほとんど不可能であった。

いったい真相はどこにあるのか……？

それは、当事者のみが知るミステリーなのかもしれない。

明治天皇すり替え疑惑⁉ フルベッキ写真に残された〝大いなる謎〟

孝明天皇の死を受け、わずか十六歳で即位した皇子・睦仁親王《むつひとしんのう》。

彼が明治天皇の座について以降、薩長の維新開国派の試みはとんとん拍子に進み、時代は明治を迎えることになった。しかしなぜ、明治天皇は、かたくなに鎖国攘夷を貫いた父の故・孝明天皇の遺志を受け継がなかったのだろうか。

もしかすると〝明治天皇〟は、誰かとすり替わっていたのではないだろうのか。

そんな疑問に答えるかのように出版されたのが、作家・故鹿島昇氏の『裏切られた三人の天皇―明治維新の謎』だ。氏は著書の中で「明治天皇すり替え説」という恐ろしい仮説を唱え、いくつもの〝証拠〟を提示している。

◎中世に滅びたはずの南朝が密かに〝皇統〟をつないでいた⁉

鹿島氏は、**明治天皇として即位したのは、長州藩出身の少年、大室寅之祐《おおむろとらのすけ》**だという。睦仁親王とちょうど同い年ということもあったが、彼は南朝の流れをくむ満良《みつよし》親王系の末裔だった。

もちろん、南北朝の皇統とは、建武三（一三三六）年、皇室が皇位継承権を争って、吉野の南朝と、京都の北朝に分かれたことに端を発する。そして元中九（一三九二）年、南朝の後亀山天皇が北朝の後小松天皇に「三種の神器」をわたすことで、南北朝が合体したとされている。

しかし実は、南朝の子孫は正系と傍系に分かれて生き延び、その末裔として、大室家は代々長州藩から極秘に守られてきたのである。

南北朝動乱以降、天皇家は代々北朝の流れが継いでいたが、**「南朝こそ正系だ」**とする意見が多いのは、皆さんもご存じだろう。

ここで気になるのが、全国の藩校で教えられていた水戸学の存在だ。水戸学とは、水戸藩が『大日本史』を編纂する中で次第に確立していった学問で、日本神話や古来の思想を紹介しており、中でも尊王思想を強く打ち出している。この教えは、幕末の志士たちに多大な影響を与え、明治維新の原動力になったともいわれている。

この水戸学ではなんと、北朝系を天皇家として据えた足利尊氏を逆臣とし、南朝系こそが正統だと唱えているのだ。**「南朝正統論」**である。

◎「南朝こそ正統」——明治天皇の言葉の真意は?

「南朝正統論」というと、明治四十四(一九一一)年二月、〝南北朝のどちらが正統か〟が政治論争にまで発展し、国会で議論された。

このとき、明治天皇は、**〝三種の神器を所有していた南朝こそが正統である〟**と南朝の正統性を公式に認めた。もちろん、明治天皇自身は、父・孝明天皇までの流れを汲む北朝のはずだ。にもかかわらず、公の場で否定してみせたのである。

この発言には当時の人々も大いに驚き、天皇家へ強い疑問を投げかけることとなった。**“では、あなたは何朝の御仁なのか”**と。

それも鹿島氏の著書を読むと、もっともな発言だと思わせられるから不思議だ。氏によると、昭和四（一九二九）年二月、元宮内大臣も務めた土佐藩出身の田中光顕《みつあき》伯爵が、「**実は明治天皇は孝明天皇の子ではない。**後醍醐天皇の第十一番目の皇子満良親王の子孫で、長州萩で毛利氏が守護してきた。薩長連合には、この南朝の末孫を天皇にするという密約があった」といった言葉を発したのだという。

即位後の明治天皇。
大室寅之祐なのか？

ほかにも、学習院院長を務めた元宮中顧問官の山口鋭之助氏も、「明治天皇は、孝明天皇の子ではない。山口県で生まれ、維新のとき京都御所に入った」と話したという。

さらに、長州出身の元首相・岸信介は、「**今の天皇家は明治天皇のときに**

新しくなった。実はそれまでの天皇家とは断絶している」と述べ、元公家の広橋興光氏も「睦仁と明治天皇は別人」との言葉を残しているのだ。

◎志士たちの〝決起集会写真〟の中央に収まる人物こそ……

そして、一枚の写真がその〝証拠〟として追い打ちをかける。明治二十八(一八九五)年に雑誌『太陽』に掲載された**「フルベッキ群像写真」**である。

この写真には坂本龍馬、西郷隆盛、岩倉具視、伊藤博文、桂小五郎、勝海舟、大隈重信といった維新の志士たちがずらりと並ぶが、写真の中央に堂々と座る若者の名がどうしても特定できないのだという。最重要ポジションの位置に写りながら、不明というのも奇妙な話だ。

実は、**この人物こそ大室寅之祐で、この集合写真は彼を明治天皇として擁立し、新政府を打ち立てようという決起集会で撮られたものではないか**、という説がある。本来なら表舞台に出てもおかしくないような写真がひっそりと存在し続けるのは、人目につくのを嫌う理由があるのではないか、と。

画面中央、最前列左から七番目の人物が大室寅之祐と目されている

また、即位前の明治天皇は、幼少より虚弱体質で、十六歳になっても女官らと遊戯を楽しみ、骨細、ひ弱、小心などと語られる人物だった。

それが、**成人後には百キロ近い体格に成長**し、側近と相撲をした際には、相手を投げ飛ばしたという。さらに、睦仁親王は右利きだったはずなのに、明治天皇は左利きになり、書が達筆になり、馬に乗れなかったはずが、悠々とした乗馬姿を見せている。

明治天皇に投げかけられる〝謎〟は、限りなく深いといえるだろう。

（了）

参考文献

『日本史年表　第四版』歴史学研究会編（岩波書店）／『鎌倉・室町人名事典』（新人物往来社）／『戦国人名事典』阿部猛、西村圭子編（新人物往来社）／『いまだ解けざる歴史ミステリー　日本史の迷宮』三浦竜（青春出版社）／『雑学　幕末・維新ものしり百科――近代日本の誕生秘話がいっぱい！』維新研究会編（日東書院本社）／『「大奥の謎」を解く』中江克己（ＰＨＰ文庫）／『絵解き大奥の謎―愛憎と謀略が渦巻く女たちの魔宮』監修・山本博文（廣済堂出版）／『図解推理　迷宮の日本史』歴史の謎研究会編（青春出版社）／『詳説日本史Ｂ』石井進ほか（山川出版社）／『新潮日本人名辞典』新潮社辞典編集部（新潮社）／『別冊歴史絵本〈絵解きシリーズ〉図録「日本史の人物」２０００』新人物往来社神田編集所（新人物往来社）／『ビジュアル戦国１０００人』監修・小和田哲男（世界文化社）／『人物おもしろ日本史―歴史こぼれ話』土橋治重著（大陸書房）

本書は、本文庫のために書き下ろされたものです。

眠《ねむ》れないほどおもしろい日本史《にほんし》「意外《いがい》な話《はなし》」

著者　並木伸一郎（なみき・しんいちろう）

発行者　押鐘太陽

発行所　株式会社三笠書房

〒102-0072 東京都千代田区飯田橋3-3-1

電話　03-5226-5734（営業部）03-5226-5731（編集部）

http://www.mikasashobo.co.jp

印刷　誠宏印刷

製本　ナショナル製本

ISBN978-4-8379-6626-5 C0120

眠れないほどおもしろい雑学の本

J・アカンバーク
野中浩一［訳］

あくびはなぜ伝染するの？　人間はなぜ眠らなければならないの？　この素朴な質問に答えられますか？　わかっているつもりが、じつは知らないことがたくさん。まわりの身近な「不思議」な疑問に答えた、楽しくなる雑学読本。今夜、あなたはもう眠れない……。

大人もぞっとする【初版】グリム童話

由良弥生

まだ知らないあなたへ――「メルヘン」の裏にある真実と謎●魔女（実母？）に食い殺されそうになったグレーテルの反撃……【ヘンゼルとグレーテル】●シンデレラが隠していた恐ろしい「正体」……【灰かぶり】●少女が狼に寄せるほのかな恋心……【赤ずきん】　……ほか全9話！

世界史の謎がおもしろいほどわかる本

「歴史ミステリー」倶楽部

聖書の中に隠された預言、テンプル騎士団の財宝の行方、ケネディ大統領暗殺事件、ストーンサークルなど、世界史の謎は尽きることがない。本書では、歴史的大事件の裏側や、謎の古代遺跡に隠された驚くべき真実に迫る。

K30227

王様文庫

あなたの人生が変わる奇跡の授業

比田井和孝
比田井美恵

「泣きながら読みました!」感動の声、続々! この本は、長野県のある専門学校で、今も実際に行われている熱血授業を、話し言葉もそのままに臨場感たっぷりに書き留めたもの。ディズニーに学ぶ「おもてなしの心」など、このたった一度の授業が、人生を大きく変えます。

心屋仁之助の今ある「悩み」をズバリ解決します!

心屋仁之助

大人気カウンセラー心屋仁之助の〝読むカウンセリング〟! 「損してもいい」「ま、いっか」「おもしろくなってきた」「わたしは、このままでも愛されている」……口にするだけで、人生が劇的に変わる〝魔法の言葉〟満載! ページをめくるほどに「気持ちの整理」ができる本。

眠れないほど面白い『古事記』

由良弥生

意外な展開の連続で目が離せない! 「大人の神話集」! ●【天上界vs.地上界】出雲の神々が立てた〝お色気大作戦〟 ●【恐妻家】嫉妬深い妻から逃れようと〝家出した〟神様 ●【日本版シンデレラ】牛飼いに身をやつした皇子たちの成功物語 ……読み始めたらもう、やめられない!

K30265